U0569838

浙江少年文学新星丛书·第九辑

海飞 主编

在乌镇

（咏而归 著）

浙江工商大学出版社
ZHEJIANG GONGSHANG UNIVERSITY PRESS
·杭州·

图书在版编目(CIP)数据

在乌镇 / 咏而归著. —杭州:浙江工商大学出版
社,2024.6
(浙江少年文学新星丛书 / 海飞主编. 第九辑)
ISBN 978-7-5178-6047-1

Ⅰ.①在… Ⅱ.①咏… Ⅲ.①作文—中小学—选集
Ⅳ.①H194.5

中国国家版本馆 CIP 数据核字(2024)第109689号

在乌镇
ZAI WUZHEN
咏而归 著

责任编辑	沈明珠	
责任校对	李远东	
封面设计	潘 洋	
责任印制	包建辉	
出版发行	浙江工商大学出版社	
	(杭州市教工路198号 邮政编码310012)	
	(E-mail:zjgsupress@163.com)	
	(网址:http://www.zjgsupress.com)	
	电话:0571-88904980,88831806(传真)	
排 版	杭州朝曦图文设计有限公司	
印 刷	杭州高腾印务有限公司	
开 本	880 mm×1230 mm 1/32	
印 张	7	
字 数	116千	
版 印 次	2024年6月第1版 2024年6月第1次印刷	
书 号	ISBN 978-7-5178-6047-1	
定 价	49.80元	

作者简介

楼夏语,籍贯浙江金华,义乌市绣湖中学学生。

平日里极其贪玩,"疯疯癫癫"的,写作时却分外安静。幼年的湖畔书院时光,成了我创作中最重要的灵感来源。与大家一起游览各地:爬过长城,走过故宫,游过西湖,逛过老街……大江南北,岁月匆匆,如今,都成了我笔下的一篇篇文章。期待未来,我还可以这样,一边行走,一边记录。

朱铿谕,籍贯浙江金华,义乌市绣湖中学学生。

从小学一年级起,阅读与写作就已经成了我生活中重要的一部分;如今,它们仿佛与我已经融为一体。用文字记录生活,记录这个世界上发生的点点滴滴,记录我的见解、我的思想、我的感悟,是每天最奇妙的事情。

孙紫睿，籍贯浙江金华，杭州市惠兴中学学生。

我生性自由欢愉，只是寻常小女子。乐于越山、阅书、悦己，听耳机中的歌，绘手中的花。三两好友，芳华正茂，一品香茗，执笔落字。弦歌不辍，芳华待灼，我将继续丰盈梦想的羽翼，在蓝天中徜徉。

赵蕴桦,籍贯湖北武汉,义乌市稠州中学学生。

我两岁来到湖畔书院,在童蒙经典中牙牙学语,在经史子集的书香浸润中度过童年。四书五经养一身浩然正气,诗词歌赋涵养心灵,琴棋书画怡情养性,"童心画文"研学更是充满魔力。我期盼每个周末的来临,可以到大自然中肆意奔跑,和花鸟鱼虫私密对话;我更期盼寒暑假的到来,可以参加远途游学,走更远的路,赏更美的风景,考察更深厚的人文底蕴。小学毕业时,曾出版个人文集《灼灼其华》,那时的文字是多么稚嫩。乌镇游学,让我的思想更深邃,文笔更凝练。感恩每一次的行走!读万卷书,行万里路,将是我用一生去践行的生活方式。

王炜铭,籍贯浙江台州,义乌市稠州中学学生。

不知不觉,脑海里储存的书籍,笔尖流淌过的文字,已然成为我生活中不可缺失的一部分。每当拿起笔,行走在路上,总有一种深深的不愿抽身的沉醉。世界如此广大,又如此深邃,我愿用我一生的文字去丈量。

虞文盛，籍贯浙江金华，义乌市绣湖中学学生。

文盛，文之繁盛者也。为不负严慈厚望，我自幼喜读书，好撰文，时日愈增，阅读愈丰，积累愈厚，感悟愈深。形色之花草，灵动之鱼鸟，绝美之山水，鲜活之人物，所见所闻，所思所想，皆一一倾录于笔端。愿人世漫漫，文海茫茫，终有所成。

陈颢文，籍贯浙江金华，义乌公学学生。

小学三年级爱上文学创作，从此一发不可收。散文、诗歌、小说，我都乐于尝试探索，写作的激情伴随我的成长，像血肉一般，与我的灵魂逐渐融为一体。我始终觉得，写作于我，真实的表达胜过优美的文笔，追寻未知的自己胜于文章的偶得，我相信，文学的彼岸，有另一个我，在翘首等待，属于我的文字的到来。

王得一，籍贯浙江金华，杭州天元公学学生。

从小学三年级开始，渴望成为作家的梦就在我的心中燃烧。为了这个梦想，我看书狂热到了废寝忘食的地步。写作时，我感到前所未有的舒畅，一本本书在脑中闪过，一个个汉字在笔尖流淌，让我陶醉其中不能自拔。小学毕业时，我曾经有一本文集《湖畔少年锵锵集》出版过，现在看来，那些文章还有很多稚嫩的地方，但这是我成长路上真实而坚定的脚印。在我看来，作家这个职业是那么神奇，给人一种近乎缥缈的感觉。每次回头看看自己写好的文章，真是一件令人开心的事情！我热爱写作，如同热爱自己的生命。希望未来终有一天，我能成为一名真正的作家，创作出无愧于理想的优秀之作。

金弋洋,籍贯浙江金华,义乌中学学生。

我曾于浔溪荡漾的涟漪间品一分水乡柔情,于茶博氤氲的清香间览千年茶史;我曾透过耆旨於腸剑的片片铜锈会吴越百年春秋的惊心动魄,透过水长城上的一砖一瓦赏劳动人民的智慧结晶。新的征程,哪怕文学之路上的巉岩高不可攀,我也渴望能在浩如烟海的文学世界辟一方全新的广袤天地。

　　楼思语,籍贯浙江金华,浙江药科职业大学学生。

　　走过了十九载岁月,看过了山巅与谷底。曾经的文字有时平淡有时热烈,有时带有诗意有时充盈着儿时对世界的不成熟的理解。愿这一撇一捺书写下的随感能激起你思维的涟漪,重新品味世界的美好。

金小琰,籍贯浙江金华,南京艺术学院学生。

从前的文字是阵风,吹你来我时光的梧桐叶堆里散步,叩开我随想的门,走进平桥浅渚,游览矮树低云,甚至邀请你摸一摸沾着碎石粒的青苔、浑身茸毛的木莲果、开得骄傲的凌霄。希望我阒寂的白纸黑字能轻轻系住你的目光,那是我那时那刻的所思所想。

黄佳尔,籍贯浙江金华,西北大学学生。

癸卯年夏,余客居长安三载。时逢蜕演,卧起常梦,不得心安。如幽缈兮失路,似寥廓而难行。余自修省,生平太平,无思造次,然不能勤恳守志,感愧无极。唯愿天下士子,皆行止有度,进退悠然。老子言:"及吾无身,吾有何患。"人们总是心有远意,而足不能行。天地悠旷,人最终都要走到那寂静中去,文字的意义或许正在于此——在寂静中寻一条路出来。

▲陈颢文 13岁 在乌镇月老庙前写作　　　　　　▲黄佳尔 21岁 在乌镇

▼金小琰(中) 20岁 在乌镇昭明书院指导师弟师妹绘画

▲楼思语（右）19岁 与楼夏语（左）
在乌镇码头等游船

▲孙紫睿（左）12岁 和赵蕴桦（右）
在乌镇雨读桥创作

▲楼夏语 12岁 在乌镇
昭明书院写作

▲王得一（中）16岁 和金弋洋
（左）、陈颢文（右）在乌镇合影

▲金弋洋（中）15岁　和陈颢文（左）、王得一（右）在乌镇昭明书院研学

▲王得一（左）16岁　和金戈洋（右）在乌镇昭明书院研学

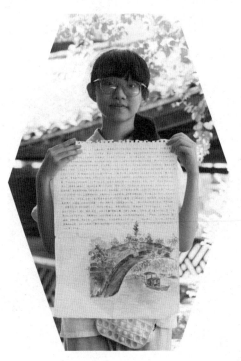

▲赵蕴桦 12岁
在乌镇码头边展示
"童心画文"作品

▲朱铿谕 12岁
在乌镇朱家厅参观

▲王炜铭(左) 13岁 在乌镇看煦哥指导绘画

内容简介

　　《在乌镇》是一群初长成的少男少女在乌镇游学后写下的作品集。他们中的一些人第一次到乌镇游学,差不多还是在幼儿时期。如今,他们已经可以用或柔婉或轻盈或深沉的文字,来讲述地理版图上的乌镇、历史河流中的乌镇、文学艺术中的乌镇,还有活着的、人间烟火里的乌镇了。乌镇的水、乌镇的名人、乌镇的物事、乌镇的古今岁月,经过多年的回味与遐想,终于在这十天的再相逢中,变得更为悠长、深远、厚实、隽永。

目　录

水
与
它
的
一
切

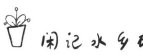 闲记水乡码头

陈颢文

乌镇水乡,棹船遍布于水道。条条似箭般的银鱼,穿梭于水间。灰墙乌瓦的建筑,青绿交辉的树荫,一如既往地勾勒出水乡乌镇美景。水阁下,石桥旁,都有各色的码头。棹船常泊于码头旁,是为水乡乌镇的日常之景。

水埠与码头,原本有着各自的功能,在乌镇,却融为一体。作为古老的水乡,乌镇古色古香的房屋于河岸两旁星罗棋布,整个乌镇显得清而素静。不知是否为约定俗成,乌镇的码头,对比其他码头,精巧了许多,仿佛江南的女子,小家碧玉。

但码头再小,也不可能是轻盈的。它由众多身负历史的古老砖石砌成,分布于沿水房屋的过道尽头,又或是古桥旁的桥墩下,或者干脆是水阁的一侧。各有各的姿态,各有各的功用。

在这一众码头之中,规模较为庞大的,就有恒益堂码头。恒益堂东西北三面阶梯环绕,凑成一个"凹字形",嵌入碧波荡漾的河道,与远处河面上的房屋、树木相互映衬。棹船一只一只从它的面前经过,并不曾有停下来的迹象。它似乎已

经成为一个无人问津的老者,属于它的辉煌时代已然过去。只有游客旅人,会在它面前驻足,看看游去没入水中的石埠上的鱼,看看河对岸静静伫立的老房子。

恒益堂码头的岁数应该早已超过了西栅其他大部分码头。我翻开厚厚的西栅历史,读到了它已鲜为人知的过往。

七十多年前,那时候,在西栅,还没有恒益堂码头。某个夜晚,整个西栅正在梦境之中。人们结束了一天的水乡生活,一触枕,便安然睡去。白日人群熙熙攘攘的西栅,如今只能听得见河道中鱼尾拨动水花的声音。忽然传来一声惊叫。声音还来不及穿堂入巷,便有一道火光冲天。火舌如一条蛇般,从失火点直直地将西栅如今恒益堂码头所处之处包裹住了。当一个个乌镇人睡眼惺忪地从家中步出,望见如此可怖之景,惊愕的神色显现于每一个人的脸庞。人们的第一反应就是救火,可是,提水的码头离得远,等人们从远处把水提到这里往上泼,火势已经愈加大起来。凶残的烈火,烧了一座又一座木制的房子,直到被一座防火墙挡下,即便如此,火势依然不减,似是要将防火墙也吞噬了才作罢。人们趁机拼命地提水浇水,终于把这火给灭了。这一场大火,给不少百姓都造成了巨大损失,着火处的两个大户人家——费家与钱家,决定出资修建一个码头,不但方便货物的进出,而且倘若再发生大火,人们可以及时从码头调水灭火。费家经营着酱园与蜡烛店，绅士出身，后来，将店铺租予归姓商人，开设中药铺。恒益堂码头修筑好后，地盘大，卸货方便，可容纳多名工人同时操作。往来的货船便多泊于此处。船夫三三两两地坐于码头，点着一杆烟，执着蒲扇，于炎日下扯些家常话，交交朋友，再搭载着货品，缓缓地摇着橹，哼几句乡歌，喊几句村话而去。

码头，既是起点，也是终点。

乌镇，作为一个有着古老历史的水乡，粥铺也是必不可少的。大大小小的粥铺，叮叮当当的碗筷，奏出西栅清晨最动人的乐曲，满载着老一辈乌镇人的回忆。现在，西栅的早餐基本都集中到早茶店去吃了，也有清粥，混在一众豆浆油条生煎包中，吃的人寥寥。但西栅景区内还保留着一个粥铺码头，供人回味西栅过往的年月。

同样和美食有关的码头，还有葱包烩码头。葱包烩有何寓意呢？那要从平民百姓对于奸臣秦桧的仇恨说起了。"烩"音同"桧"，所谓葱包烩，即用一个葱饼包住一根老油条，这就幽默地骂出了秦桧是个老油条般的人物。

这两处码头，分别处于略显阴暗的房屋与房屋的空隙中，前面一方绿水，太阳光的照射下，波光粼粼，与走向码头的过道之阴暗形成鲜明对比。但站在码头上，清风阵阵，吹得人心生舒爽。棹船缓缓驶过由绿树灰屋的倒影构造而成的舞台,这么一荡,便是荡去了乌镇多少年的水乡风光。古时,可能是有小贩在码头做着小生意,卖些吃食。沿着街道漫步而来的行人,会拐进来,坐下,说一声:"店家,来碗粥!"抑或是船夫摇着橹,顺着水道,将船缓靠上码头,立起身,喊一声:"店家,来碗粥!"待店家递上一碗热粥,便是一手端着粥碗,将粥饮尽,一抹嘴,又摇着橹,不紧不慢地撑船走了。粥铺的桌椅,已然陈旧,但盛夏的清晨,因为这里少被日晒,少有喧闹,一个个普通的乌镇人,愿意坐在此处,不紧不慢地品着粥,开启像乌镇水波一般不紧不慢的一天。

自古以来,船是与码头分不开的存在。有了船,便少不了船夫。船夫除了待在船上,更多的时间便是待在码头。我们游览乌将军庙时,旁边正有一个码头,名为乌将军庙码头。由于天气燥热,我躲入了码头的篷廊内。船夫们似乎对此类事情早就见怪不怪,倒是我,想着不坐船却来这歇息,颇有些惭愧。正午,气温持续上升,一片小小的阴凉之所并不能阻止我汗如雨下。我一直用手抹着即将滴下的汗珠,思绪混乱。此时,船夫们不知是否早就商量好了,一齐将风扇转向了我。他们汗水密布的脸上,现出了孩童般的笑容。他们多为中年人,皮肤古铜色,头顶的头发开始稀少起来。成天握着船桨的手厚实、粗糙,老茧遍布,青筋突起。他们摇着蒲扇,操着一口本地口音,热情地与我对话。那一刻,我似乎更深入地了解了船夫的生活。他们的热情来自他们载多了形形色色的船客,他们对陌生人的戒备,早已在这样日复一日的橹声咿呀中放下了,他们朴实无华的外表之下,渐渐地装起了一颗豁达、善良的心。

在乌镇,几乎所有的码头都有名姓,不论大小。它们仿佛是乌镇的一个个孩子,起了名,人们才知道怎么称呼它们,怎么与它们交谈。小的码头,幽静、寂寥,几个不喜闹市的游人,往小石阶上一坐,便是一小段的清闲时光。少男少女,干脆脱了鞋子,光着脚丫伸入水中,一边任游鱼环绕,一边谈天或是道爱。这种小码头,早已结束了它们泊船的使命。新的时代,竟然赋予了它们新的用途,它们成了躲避尘世喧嚣的绝佳去处。正如乌镇一般,于古时,它本为一处商贸重镇,随着历史的推进与演变,渐渐成为游人口中津津乐道的旅游胜地。它凭着以前积淀下来的丰富内涵和古色古香的建筑,吸引了众多游人。乌镇街头的商人变成了游客,商铺也成了旅游纪念品店。

在乌镇西栅,巴家也是为人熟知的大家族。巴家作为中医名家,医药业是不可不营的。旁边的盛庭码头,多年来不知有多少医药品从此运出,用以救死扶伤。虽然盛庭码头算不上大,但码头上的"美人靠"却是别有风情。如今,仍会有不少游人穿着汉服,执一把小团扇,于此地拍摄。一处碧潭,与驶于水面之上的游船,共同映入照片。码头旁,一株有着盘虬卧龙枝叶的桑树,如弯腰啜水般,追逐着碧波生长。重叠繁密的桑叶,令人不免联想到桑蚕、丝织。乌镇自古是桑蚕之乡、丝绸之乡,在这里留下一棵老桑树,大约也是在提醒着这些吧?

　　码头,是乌镇文化的缩影,是乌镇风土人情的聚集之地。

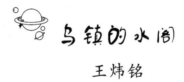

乌镇的水阁

王炜铭

　　天空被夕阳染成了朱红色,粉色的云彩倒映在流水上,一抹余晖掠过碧波,云的色泽被揉碎了,荡漾起来。

　　乌镇的黄昏,水汽重新开始铺排。

　　我的心中,涌起一种坦然宁静的庄严。我坐在水阁上,日落的时候,看着天的涌动、水的摇晃,心境分外平和。残阳似将自己一片片金色的鳞重新洒落到河面,显得那么凄美缠绵,就连柳叶见了,也变得沉默。水中的鱼儿更是游得轻灵了许多,生怕惊醒了这梦。

　　夕阳无限好,只是近黄昏。我在乌镇的水阁上,深深地体会到了这种怅然。

　　清晨,第一缕阳光叩响水阁的房门,光从窗帘的缝隙中透进来,我才发觉天已经亮了。我拉开厚重的窗帘,打开吱呀作响的木格子窗。这时没有熙熙攘攘的游客,水面、空中,都显得极为清静。目之所及,皆是与平静的水面融为一体、美得浑然天成的江南水乡的画卷。

　　我站在窗前,凝望着那朵毫无瑕疵的白云,或许是在蓝天的衬托下吧,她显出特有的纯洁与端庄,正如同淑女般漫步在空中。忽然,她一下子涨红了脸,变得那么羞涩,又那么妩媚。

河对面,水阁的几根青石矗立在水中,时有鸟雀轻轻划过河水的脸庞,而后便端立在水阁的美人椅上。水阁的青石柱上,布满了层层青苔,与湖里的绿水相互映衬着。有的石缝中还长出了树,看得出来,已经长得足够高,足够久。这也是奇景,那样小的地方,还能长出这样高大的树?

有的水阁上还摆放着一小盆一小盆的植株,造型恣意洒然,置于凹凸的青石条上,别有古朴的韵味。

还有更开放的水阁,连着一个小小的石埠头,特别方便居民从水阁沿阶梯走到水边洗点儿什么,或脱了鞋,把脚放到水里,冰冰凉凉,盛夏的炎热与疲惫自然消失无踪了。

我们住的客栈后半部分也可称为水阁。这客栈甚有意思,南边大门对着街巷,大厅是南北一通到底的,朝着北的那整堵墙,敲得只留下了顶部的一长溜,下面贴着地做了一长排木栅栏。栅栏有些老旧了,扶上去吱吱呀呀。余下的空间,并未使用玻璃窗,而是只用了透明的塑料帘。手一推,便可感到空气从指缝间流过,脚一伸,仿佛可以一脚踩到水面上。透明又薄的帘,怎么挡得住迎面吹来的风?怎么会叫人感受不到柔婉的水汽?又怎么能把人们想要欣赏美景的心,困在这里面?到这时你才恍然发现,原来靠北边的客厅,是建在水面上的。这大大拓展了客厅的空间。这样的水阁，设计得实用、内敛，简直有点波澜不惊的意味了。

我想起了关于水阁的传说：

以前，乌镇南栅浮澜桥附近靠下岸河边，有一家豆腐店，只有一间门面，开间又小，磨豆腐的石磨子和浸黄豆的石缸一放，店面就狭窄得让人转不过身。豆腐倌准备将店面扩大一点，但前面是大街，左右是别的堂店，无法伸展。思来想去，只有后面河面上还有空间。于是他就在店后河床上打了几根桩，架上横梁，梁上钉几块板，盖起了一个阁楼，就是人们说的水阁，把黄豆缸和一些杂物移到那里，这样店堂间就宽阔多了。小镇上消息传得特别快，豆腐倌的水阁刚搭好，镇上的巡查官就来查问，他警告说："这是官河，官府早已通告，不准私占河面，限你三天之内拆除，不然就送官查办！"一听要上衙门，豆腐倌慌了神，情急中他请了本街的穷秀才帮忙，秀才吩咐豆腐倌说："我替你写张纸条，官府如传你过堂，你就说你没有罪，并将这张纸条递给他看。"几天后，差人看豆腐倌的水阁还没有拆除，就传他去见巡检老爷。巡检老爷惊堂木一拍："你私占官河，阻碍交通，船只难行，该当何罪？"豆腐倌答道："小人没有罪，不信老爷请看。"说着就将秀才写好的那张纸条呈了上去，巡检老爷一看，顿时眉头打结，哑口无言，最后只好判豆腐倌无罪，放他回去。原来当时乌镇北市河比较狭窄,只能通过两条船,为此县衙曾出过通告,禁止占用官河,但巡检老爷为了停靠官船,却筑起了很宽的石帮岸,使河面狭窄到连两只船也难以交身。豆腐倌所在的乌镇南栅浮澜桥附近的市河比别的地方要宽阔,五六只船也可并行,即便搭出一些水阁,也不碍来往。秀才在纸上写的是:"民占官河,五船并行,官占官河,两船难行,谁碍交通,老爷自明。"巡检老爷自知理亏,所以只好判豆腐倌无罪。之后,四邻八坊纷纷效仿,河面上的水阁多了起来,逐渐成了乌镇独特的景观。

　　旧时,人们对于水阁的诗文还是有挺多的。白居易有《梦苏州水阁,寄冯侍御》:"扬州驿里梦苏州,梦到花桥水阁头。"或是杜荀鹤的《霁后登唐兴寺水阁》道出:"无端登水阁,有处似家山。"巴金的《春》中,也有关于水阁的描写:"船在慢慢地转弯,沿着峻峭的石壁走,把临湖的水阁抛在后面矮树丛中去了。"但不知这些诗词里的水阁与乌镇的水阁,是不是同一种建筑?

连接千年的古桥

陈颢文

水乡小桥多。桥,从古至今,早已融入了乌镇的血脉当中,与乌镇的命运紧密相连。

古老的乌镇城,东西南北,诞生过一百二十多座古桥。可惜,古桥如今只三十多座尚存,依稀可勾勒出古镇原有的水乡之貌。

小小的石桥横跨两岸,桥上行人如流水,桥下流水倒映着行人。人们乘棹船由桥墩旁驶过,听船桨拍打水面发出的浅吟声,清风拂过面颊,是为盛夏在乌镇一大享受。

对于桥,乌镇人可谓情有独钟。最为出名的莫过于乌镇的桥里桥,一座通济桥与一座仁济桥,布局十分奇异,堪称筑桥界的"桥景一绝"。两桥距离不远,位置呈直角,由远处望,两桥绿树相映,且可从一桥洞观望另一座桥。设计精妙,如管中窥豹、井中观月。两桥之倒影交叠于水面,是圆又非圆,虚实相映。夜晚时,双桥在灯光的映衬下更显出一种朦胧之美。拱形的桥洞是一轮活泼的明月,低低缀在水面。它临水自怜,光彩照人。斑驳的石砖,被雨水冲刷过千万遍的桥面,都有着一个个坑点。古老的桥面,又滋生出新的生命:桥墩的石缝中,点点蕨草微微摇曳,显得两座古桥更有故事感。

通济桥桥面,竟不知不觉爬满了葱郁的树。桥边立着株梧桐,通体的青绿,根深扎入石砖中。因梧桐连树干皆为碧色,叶子硕大,郁郁葱葱,文人雅士最爱于庭前植之。盛夏纳凉,是为一绝。坐在树下,远处的白莲塔静默地耸立着,看着多年来乌镇更替的四季,消逝的是岁月,不变的是人间烟火。一艘艘划过桥洞的乌篷船,一个个操着本地口音的船夫,一尾尾梭子似的泛着银光的鱼守候在这里。

仁济桥,桥墩上镌刻着的"寒树烟中,尽乌戍六朝旧地;夕阳帆外,是吴兴几点远山"一联,描绘了一幅人们登临仁济桥顶所见的水乡暮色图:在寒树薄烟中,散布着一条条蜿蜒着的小河,一道道纵横着的阡陌,一幢幢错落着的古宅……在夕阳余晖里,片片白帆飘向远方,欲与那极目处的点点黛山会合。上了年代的老屋,用着乌瓦灰墙;胀破了的墙纸,腐蚀了的石柱与遍布苔痕的屋基,默默地道出他们独有的乌镇记忆。

正如沈从文先生所言:"桥的那头是青丝,桥的这头是白发。"它们不知观看过多少次悲欢离合、朝代更迭。

木心先生晚年重回乌镇,写下"风啊,水啊,一顶桥"。可见,桥的影子已经深深地印入木心先生的心中,也早扎根于每一位乌镇人的心中了。

　　"不管你是哪种身份,来自何方,都可以在乌镇找到合适的地方",砖石们来源于各地,也许曾经被人抛弃,被长期置放于角落盖灰,却于乌镇,找寻到了自己的价值。一座座石桥平地起,成为悬于河上的道路,连接着河的两岸,同时,也连接着古与今巨变的沧桑岁月。

乌镇的桥·乌镇的河

赵蕴桦

　　总想着能撑一把油纸伞,走在乌镇的桥上,望漠漠千户灯,听清风穿柳,雨音成诗。那诗一般的雨声,从水墨点染的江南画卷中跳出,一声声清响,散作万点琵琶雨。曾不止一次地见到这个画面,穿着汉服的姐姐从桥的另一端款款走来,梳着高高的发髻,一身青衫,长裙拂地,衣带飘飘,几分清寂,几许忧愁,完美无瑕的侧脸,平添几分江南女子的婉约与灵动。

　　用手轻抚桥上的每一块砖,上面斑斑驳驳地留着岁月的痕迹,摸上去凹凸不平。我却是像见了老朋友般,有莫名的安定和淡然。我不清楚它已在这站了多少个日日夜夜、春夏秋冬。它居高临下,望着这世间的灯红酒绿,它见过许多,听过许多,早已有了历史的陈旧和沧桑。

　　台阶因为无数人的踏足被磨得十分光滑,却也有十分年轻的小生命从石缝中钻出来,一簇爬山虎还抽着嫩芽,纤细柔软的茎微卷着,攀着高大的石桥。是那种刚出生的新绿,未曾长大,还泛着些许淡淡的鹅黄色,却仍有着顽强的生命力,绽着明媚的笑靥。

桥是一位老者,经历过许多风风雨雨。各种各样的人从桥上经过,画家、诗人闲坐在桥边的水阁上,喝喝茶,聊聊天。

更多的人携了一架相机,或站或坐,将这美好的一霎与老桥永远地定格在一起。有许多女生穿着古装来拍照,柔顺舒服的布料轻拂过它头顶,有些痒痒。它不禁眯起眼睛,仿佛见到从前的乌镇也是如此。一代一代的人来了又去了。这里曾祥和平安,曾战火纷飞。

站在桥上,我不禁浮想联翩,无数来来往往的人中,总有一位是诗人,在通济桥的台阶边上坐着,坐在梧桐树下,他爱着一身青绿色的长袍,身材高大,捧着一本破旧的诗集,吟上一两首小诗,文笔是真的不错。"碧水半湾流野渡,翠波一曲抱祠堂""一渠翠染诗人袖,终古波清客子心"。那日山衔落日,他突然有感而发:"寒树烟中,尽乌戍六朝旧地;夕阳帆外,是吴兴几点远山。"阔大,雄沉,苍茫。

老桥在心中默默记诵,不禁为之震颤。它看着他从少年成长为中年,再慢慢变老,他会对着它讲心事,它知道他是穷苦百姓,一身傲骨。正如桥头那一棵梧桐,淡然风雅,坚韧不拔。那年秋天,他仍是照常来到这里,却须发俱白,一步三喘。他手中仍捧着那本诗集,正巧一片梧桐叶飘下,落在他掌心。他将这片叶子夹入书页间,将诗集留在树下,从此便一去不回。

又过几百年，老桥遇到一个画家，无父无母，孤苦伶仃。身边仅一块画板，几支笔，一盘颜料。早上起床画画，晚上就住在桥洞底下的浅滩上，这石桥上的每一块砖，每一株草都被他细细地描摹过。他起得早睡得晚，将这儿的一切了解得清清楚楚。他总爱坐在倒数第二级的台阶上看日出，据他所说，那地理位置绝佳，刚好能看到太阳冉冉升起的模样，绚烂的色彩喷薄而出，漫天的霞光染红了天空。他总是毫不吝啬地把颜料大盆大盆地往画板上泼，渲染出一片五彩斑斓。

我们走下桥头，这里正是乌篷船的码头，零零落落停着许多艘船，总是一晃一晃，漾着一圈圈细密的水纹。午后的太阳斑斑驳驳地洒在水面上，桥洞中，船棚里，都晃悠着时隐时现的水纹。船夫们各自盘膝坐在船头，全是白衣白裤，束着一个黑腰带，脸蛋儿因为长期的日照晒成了古铜色。他们用另一只手扇着蒲扇，拉着闲话家常，也不知道聊到什么好笑的事，几个人一起大笑，爽朗的笑声像鸟儿一般飞出船篷，回荡在河中间。

我们一行人上了船，船不大，最多也只能载八个人。我踏上木板，有些晃悠，等人一坐满，船身微微沉下去，一小半浸在水中，绿色的河水就环绕在周身，似乎伸手就能碰到。艄公摇起了桨，我们一摇一晃地荡了出去。船边聚着许多小鱼，成群结队，摆着好看的尾巴。它们的尾巴薄得几乎看不见，是淡淡的绿色，像水草般柔美灵动。我忍不住伸出手指想去触摸，可指尖刚挨到水面，它们便"咻"的一下，钻入水中，没有了踪迹。两岸都是水阁，乌镇是名副其实的枕水人家，在水阁之下，没有阳光的照射，桥上爬满了青苔，密密麻麻的爬山虎藤垂下来，纵横交错，郁郁葱葱。前面是一座石桥，比乌篷船的船篷稍高一点，墙上刻的字已被风雨侵蚀得面目全非，只是依稀凸起的轮廓，让人看出那儿也曾有过字。

模模糊糊能辨认出"景行桥"三个大字，司马迁曾说："高山仰止，景行行止。虽不能至，心向往之。"我不知道这座桥是谁建的，但他让我想到了司马迁，想到了那些以这座桥为起点，抱着一步步接近崇高精神的信念，顺着每一级石阶上去，去接近目标的人。

船一路摇过，大大小小的水阁和植物从两岸经过，一户人家的屋檐上甚至挂了几串葡萄，星星般缀在粉墙黛瓦之间，格外显眼。

船靠了岸，"砰"的一声，溅起水花，我们上岸了，水面很快又归于平静。

碧水漾漾江南影

金戈洋

碧水之上晕染着层层涟漪，荡向无尽的远方，把南方的一切纳入自己的辖区。一花一树，一楼一阁，随处可见。

江南水乡，水似乎是江南的代名词，在每一个烟雨江南的匆匆过客心中留下了不可磨灭的印迹。

南方的水，因风皱褶的纹理格外迷人。

微风摩挲脸颊，河流表面这些天生的花纹也在此一息之间变幻万千，仿佛蕴含着无穷的活力。这些皱褶有一种繁复的美，反复出现，永不停息，层层推进，一直荡向水天相接的旷远天际。一圈波纹荡漾的同时，却又在瞬间变幻出更多的皱褶，那是一种几何级数的递增。透过南方的水，也能窥见代数世界的奥妙与美。每一缕皱褶都是一个独立的生命，它们的一生不过须臾，昙花一现般转瞬即逝，短暂却恢宏。不羡长江无穷，不抱明月万古，南方的水纹是独有的如画江山。时有三两艘游船在水上漫不经心地漂着，水流向哪，它们便也向哪。不同于豪华的五星级邮轮，抑或是在海面上疾驰的快艇汽船——它们无不在水面之上割开一道格格不入的"刀疤"，醒目而刺眼，江南的游船与波纹和谐共生，与其说是交通工具，倒不如说更像碧玉之上星星点点的装饰，微小却必不可少。水船相依共生，别有韵味。

南方的水，遍及家家户户。

连绵不绝的粉墙黛瓦，或傍水而建，或玉立水上，配上舞动的绿影恰似才子佳人于临水之阁翩翩共舞一曲。水从房子底下通过，嵌进了每一个水乡人的生活中。日出临水而动，日落枕水而眠。日出而作、日落而息的朴素生活，在水的映衬下倒也添得几分色彩。伴着日出的第一缕曙光，河边洗衣淘米的人们唠上几句家常，正午的烈日当空，孩童在水中嬉戏打闹，翻飞的水花，拍打出水乡独有的风情。南方的水横穿古镇，穿连起一房一瓦，也穿连起每个人心间的情愫。初到水乡的迁客骚人，也会在这融融流动的碧水下化开戒备，融入其中。水承载着这里每一个人的故乡情结，浓浓的，化不开。或许正因如此，才有了"春风又绿江南岸，明月何时照我还"的千古名句。

南方的水，古韵缠绵。

春去秋来，它自始至终东流不止，五十年前的孩子和今日的我们所见或许并无太大差别，水在江南之乡似乎被取消了时态，让人得以窥见这缥缈不可及的古韵。南方的水，以它巨大的体量，弥散在我们每个人的记忆中。水带着高贵的墨绿色，很特别。造物主使大千世界的一花一草都有属于自己的颜色,花红,草绿,天蓝,雪白。但现代文明却企图篡改我们的常识,炮制五花八门的颜色以混淆视听。在它们的唆使下,我们早已忘却了河流的本色,习惯于称泛着污秽泡沫的水为河流。面对现代文明的话语霸权,坚守千年历史本色的江南之水,是岁月雕蚀下的古迹。它的墨绿,包含着不妥协的决绝,惊心动魄。

　　黄昏之下,落日夹带褐色的余晖洒落,典雅的花窗被镀上一层金铜色。千百年前的某个今日,正是如此美景:且听丘迟言"江南草长,杂花生树,群莺乱飞";且看陶弘景"实是欲界之仙都"之景。所有的好词,对于南方的水来说都算不得过分,反而恰恰体现了文字的有限性。西塘、乌镇、南浔,风姿华美的江南小镇在长江下游比比皆是,它们接受着江南之水的恩泽,茁壮成长。

　　临河的古老花窗一推一掩,水已流过千年,记录着江南水乡宁静致远的黄金岁月。

忆水记船

王得一

　　小桥流水人家，这是所有人对江南水乡的第一印象，不过，最后写入我回忆的，是船。

　　由流水组成大街小巷的水乡里，船无疑是出行的第一选择，在别处所没有的幽幽水道中，我们随船身左右摇动着，享受着被温柔的水拥抱的感觉。航船不快，却也不慢，刚好够你看清岸边的一草一木，船橹荡开波涛，又在岸边激起阵阵回响，由一点而向四方的微波冲撞在一起，形成散点连缀的线，极富规则地随船桨摇动，然后向后移去。乌顶篷船与岸边的灰瓦白墙是极相称的，粼粼的水光映到棚顶之上，别致的花纹在船檐舞动，也在我的心底跃动，周遭的河水消去夏日的火热无情，流水的声音在桥洞之下被无限放大，拂去内心的焦躁。

　　这种人坐得最多的船，便是航船，普普通通，却存在于多少人的眼中或者记忆中。景区中，这便是唯二的载客船只之一了。另一种载客的是汽船，虽也是船，但其声音、速度冲破了江南水乡缓缓前进的、充满韵味的旋律。另外的是曾经的拖梢船，先前做短程摆渡及救生用，现在有人持篙在河中来回撑着,做巡视除杂用。

但先前的水乡,不仅仅只有这些船,那时大大小小的船一同构成的交错的景象,比起现在的堵车,是有过之而无不及。河水被搅动得拧起眉头,水的旋涡与船的旋涡搅动在一起,实乃一番盛况。

毫无疑问,喜船绝对是其中最具有震撼力的,可惜现在大多的水乡成了旅游之所,失去其原来作为百姓之家的和乐喜气。喜船现在也是极少见了,在南浔曾偶遇其大放光彩,其时河面尽空,两岸皆是人头攒动,人人都想一睹喜船的惊艳震撼。当喜船从万众瞩目的河口缓缓驶入人们眼帘的时候,那抹红色的身影远远地就为这淡墨染就的水墨画添上了重彩。这一笔红色朦胧地印刻在不远的水面上,与夕阳同辉,直到这儿,水乡随性的温柔才真正体现了出来。喜船带着红色走近灰白,便让红色醒目且震动人心。于是乎,在水的欢迎下,挂着锦带彩缎的喜船近了,繁杂交饰的窗棂呈现的是对喜事的祝福,大红的色彩是对未来的期待。不只是一艘船,前前后后,左左右右,阵仗是极大的。人生大事,船虽飘荡,但守候如水。就在这远去的喜船之上,载着生活在水乡的人们的祝愿与期盼。水流不停,船行不歇,于是,愿望便这样达到了现实的彼方。

如果说喜船人人爱看的话,那太湖船便是为旧时乌镇百姓所恐惧的了。顾名思义,此船常行于太湖,现已消失也是百姓所愿,不为其他,正是此船所载多为穷凶极恶、偷逃官府之徒,干着烧杀抢掠之事,同海盗一样。此船船身低矮,迅捷如飞,曾经令人闻风丧胆,百姓见之必逃。为防此船,乌镇便设水栅,此乃东栅、西栅之名的由来。

与之相对的,便是官船。官船实在是一个复杂的东西,其所载之人有好有坏,官船或有造福一方,抑或有为恶一方。人皆言"官船来往乱如麻"乃乱世前兆,但有时亦是乡镇腾达之刻。乌镇的水道中,有多少官船载着状元翰林出去?又有多少船载着衣锦还乡的他们归来?那精致的雕梁画屏,犹如陆地上房屋的三进空间,亦是多少古代学子心心念念的梦想,它代表着飞黄腾达、平步青云。但我更希望,他们能常回到这水乡之中,用水来洗去官场的污浊,莫让身心全沉醉在官船的荣华之中。此外,官船视野开阔,行于河面之上,两岸风景尽收眼底,亦有观景的好处,这船许是为官府之人巡视之用。

另有风子船,一名敲梆船,船夫多为生病乞讨之可怜人,令人不忍视之。

码头是船的家。乌镇自西向东,码头不下数十个。

如果让我为乌镇画一幅画的话,那画的两边是灰瓦白墙,水道自中间蜿蜒向无尽的远方,其间一叶扁舟,飘荡而去。

名人

雨读桥上读书声

王得一

转头是一阵书香气，侧耳是一片夏蝉鸣。

渌水漾苔衣，日照白墙昭明馆；曦月呈光影，百年风烟雨读桥。踏青石，倚廊木，斜看千万青竹，不见太子归处。穿门过水行巷陌，问藏书何处？凌空亭榭，水上横阁，小窗幽幽，映书几卷，闲步多少春秋，沉吟闭眼，偷得浮生半日闲。

满墙郁郁爬山虎，半掩褐褐木门扉。暗叩铜环锁，推门欲睹太子身，不见曾经书院里，昭明侧身微颔首，尚书执卷笑答疑。但有陈桌铺纸笔，待留后世谁留名？此间嘈嘈夏蝉鸣，却似谁人读书声？

性仁和，甚聪慧，万卷千读昭明选，念母成疾孝悌传，十三看遍圣人卷，此间阅尽世事书。我坐石桥上，恍见太子执书立，惊起而长叹，唯见叶绿带花开。花开花落年年生，昭明文笔代代传。水不停，流转至此续遗志；树不断，来年又发绿新枝。可怜性仁厚，不言已伤甚严峻，但笑此身安无恙。可笑人生短，天公不管才情；可叹日月长，如今何处见昭明？昭者，此谓圣闻周达，此谓容仪恭美；明者，此谓照临四方，此谓谮诉不行。院中流水穿屋过，楼边古树映骄阳，明光四射，通达敞亮,亦谓昭明。见文选之文,观题匾之字,如见昭明院中坐昭明,教吾等如今何为文,此番占天下八斗才,隐乎东宫,逝乎文曲,萧衍怎道其知行,昭明方可言其志!我问池中鱼,可闻多少读书声?水动,鱼惊,此处太子读书影。

韩愈言:"师者,所以传道授业解惑也。"太子非生而昭明,何以读万卷书?其必曰:"尚书之功也。"尚书为谁?吴兴沈氏,名为约者,其字休文,沈非乌镇之世家,然其父葬于此,及其孝悌,岁返而祭。既休文开武帝子之手,封太傅,为太子之师,不忘为人之子,岁岁归乡不辍,太子因随至此间,游于乌镇桥水,读于昭明书院。且不言沈奇闻逸事,《晋书》《宋书》等,昭明太子同沈之师恩,传唱千古无绝。开手心一事,或为传闻,亦见良缘。好读书,善读书,家藏二万卷,腹中五千言。教人以法,见贫寒而勉读书,收太子之燥气,成太子之昭明。

观夫良久,念曾经南朝风物,所为乱世,却非残世,文选之所存,乐府之所兴,皆为此时,其文之盛行,其诗之普及,盖有过于今之太平盛世,况犹不及?有比先秦诸子之言,处之礼崩乐坏,成之百家争鸣。两者皆非一统,而为权政相离,由此观之,有分之天下,其多元,其交汇,其碰撞,此成如今中华文化之博大精深,源远流长也。可笑,何时列国征战?此时诸侯何处?可喜,千年文选留存,万世文章不衰。

　　惊起,万点雨打千层瓦,散入横塘映水光,击鱼去,同风来,烟雨江南斜碧柳,掩去千堆万卷书。唐代银杏宛在,昭明书室依稀。

　　何处奇声惊人耳? 雨读桥上读书声。

在昭明书院闲思

金小琰

　　我在藏书阁宽阔的脚下寻着一石坎,千疮百孔密苔布,望层层碧莹的浪拾砖而上,张扬的虎爪状叶片承住路过高墙大方铺洒下的阳光。霸道恣意,是经年高墙的生生气息。

　　苎麻臭椿凤尾于路上竞长,松柏同香樟环抱,院内矮松寥寥,银杏几株参天,修竹簌簌。昭明书院,将这一切笑纳。居诸不息,但遗址总存着精神,长养奔流而来的一切。

　　《文选》实在是书院立身之笔。而今像是苎麻属荨麻科的分类思想,又是《文选》的锁线,南朝太子萧统在跨度近千年的周到梁诗文里择其纯粹为文者收编,踵其事而增华,变其本而加厉。文之大成者多工整瑰丽,思沉义深,使人得以略略窥见南北朝文学发展之峰。《文选》统分三十八类,其中文分三十七,细至"七、启、弹事"都有分属。

　　多达三十七种的文类实在令人为之一叹,细思又可追溯,曹丕《典论·论文》中已有分类倾向:论断是非先分类。发展到南北朝时期,文学的发展就愈来愈趋向独立分化。"文""笔"在南朝出现确切之分,太子好友刘勰在《文心雕龙·总术》(第四十四)有言:"今之常言有文有笔,以为无韵者为笔,有韵者为文。"由此,兼与当朝名士交盏而谈,深爱"以文为本"的文学观念,《文选》的选文不收入诸子为了传扬思想或政治目的的作品。需"沉思",抛下一切港口,御风而行随心而动。以文学自身的眼睛,于浩浩汤汤的文海中提纯,追求文艺性,又以"义"归于辞藻音律交织变换,偏好辞藻繁丽者,此处的繁丽不是美食上添缀的金粉,而是求其技巧口味真切普遍地打动人,宏愿求得共鸣古今。其精华的思想分类上,继承发展了曹丕、陆机的标准。如此种种,使秦汉以来文史不分的局面得到改变,将文学与非文学分界。虽其因类别众多,偏重功用不一,为后人讥繁复"淆乱"。就像六朝遗胜的牌坊在昭明书院内才有意义,多元化的时代下需要多元化的评判标准。较三国时期"一家"之争,南北朝或可称真正的乱世,各民族趋近融合,颇有江河入海之势。重视大一统的儒学统治式微,玄学兴起,道教方兴未艾,佛教甚至有"南朝四百八十寺"之盛。种种思潮蓬勃奔走激扬,皆被乱世洪流海纳。由"乱"故生"变",文学题材"田园""游仙""宫廷"等出现,骈文骈赋发展兴盛……充满新变的时代下,思想的桎梏松绑,文学自然摆脱了政教束缚,呈现自觉性。由此,昭明《文选》的产生如基石掷于后世入海口,承前而启后。突出时,在唐宋科举时期形成"文选学","《文选》烂,秀才半"的俗语广为流传,以萧统为代表的开明的文学观根植颇深,蜿蜒盘绕到如今，仿佛这书院里摇摇攀缘爬山虎，松柏脉脉藏深根。

烁玉流金，蝉鸣声声噪檐，终于牵着巷口迎来送往的一丝风，往拂风阁去。

一楼是纪念品售卖处，我兴致寥寥，见一阶梯婉转，层间中空藏书，别有意趣，遂点盏白菊茶，这茶戴着乌镇特色的"帽子"，饮出很淡很淡的惆怅。花窗是眼睛的画框，银杏浓绿几经夏，交相掩映，倒影窗棂，将其年轮放在唱片机上，许能传出编撰时主持者萧统与其师沈约的交流，也奏古镇代代书声。萧统即昭明太子，昭明之名大有可言，圣闻周达，容仪恭美为昭，其昭德照临四方曰明，总结了萧统恍若昙花的一生。

萧统以《孝经》《论语》启蒙，五岁五经读罢，悉能讽颂，奠定了纯良仁孝的儒学思想基础。受其父梁武帝萧衍影响，崇信佛法经义，大抵因着无缘同慈同体大悲的思想，常与名僧讲论佛经。反映在文学处则通纳百家，名才并集，与鸿儒谈笑，沈约（永明体代表）、刘勰（作《文心雕龙》）、鲍照（元嘉三大家之一）皆在其列。这些光华无一不是滋养《文选》的温床。当时东宫号称书近三万，发愿"历观文囿，泛览词林"，昭明书院内两层高的藏书阁里也曾藏尽文思古曲。如果用银杏来丈量岁月的长度，三十许只是其间一个细胞而已，却是这短暂而精彩的昭明人生,为后世留下文学的银杏果,留下千年文流书写的岁月。王希孟的十八年便存千里江山,而今仍风靡。三十许在许多人眼里是昙花乍现太匆匆,烟云过眼不堪怜。但生命在活着时于己有意义,他已所学甚丰与世界盎然交手,也孝悌恭谨尝尽离苦;死后于他人有意义,令当时民众切心缠痛,而今存《文选》流风所及百世。以他的包容心性看,人生究竟圆满了。一花即是一世界,一叶得观一菩提,悄悄落下的银杏叶,隐隐卷着黄边,或许也已书写完了属于它的《文选》。茶凉光暖风熏蒸,伴着木板咯吱的吃痛声下楼,沿着回廊,一个个方正的石刻写字台保持着与世隔绝的冰凉,从太子沾雨挥毫到当下孩子们趴着洋洋洒洒,一切似乎都不曾留下痕迹,真正的消逝是遗忘,昭明书院、《文选》、萧统,或是未尽的茶,种在记忆里的小小银杏果,似乎有着长成活化石的气力。

穿古越今的璀璨之灯

陈颢文

　　乌镇，我小时候就知道它是个水乡。乘乌篷船，泛舟入河，满目悠久的建筑，我却从不会过多留意，走马观花般扫过便罢了。

　　时隔多年，缓步穿梭乌镇老街，终于能粗粗领略到乌镇深藏内里的独特风韵，那是从历史的深处，透过一砖一瓦一草一木一港一汊渗透出来的人文底蕴。

　　乌镇文脉的起始，当数昭明太子。

　　登上雨读桥。这一座略显娇小的廊桥，却有着其他桥所没有的往事。

　　正值酷暑，雨读桥上攒着岁月的痕迹：清一色的绿藤，环抱着整座雨读桥。饱含历史的灰墙灰瓦与高挂的题字，令其增添了几丝庄重与沧桑的历史感。蝉鸣更盛了，闭了眼，嗅着古桥的淡雅之气，偶想千年前，身着淡雅便服，手执书卷的昭明太子萧统，或许正日日不息地坐卧于桥上木椅，嗅书香、闻鸟鸣。读书声在清早空荡荡的街道、小巷中回响。他闭眼默诵，对于文章美的追求永不停息。

　　从雨读桥木椅上立起，望见似绵延无尽头的老街。而近处攀满绿藤的古石墙,正属于因昭明太子而建的昭明书院。或许是与雨读桥有着难以割舍的情感,昭明太子才会将书院建其旁边吧? 又或许它们存在的先后顺序正好与此想象相反。总之,这两者的联结已相互交映着融入历史的长河中,成为一种定格了。

从临近雨读桥的侧门入了书院,此处是一道略显狭窄的拱门,上面同样藤蔓密布。单从此门往里望,能望见一潭澄碧的水与偌大的书院一角。院内绿植遍布,乍一看,书院倒似一处园林。瞬时,被酷暑所折磨至烦躁的心灵,被一汪绿植构成的清凉的水治愈了。

一条长廊,将炎热尽数驱散,残留下来的只是习习凉风。此处,可说是见证了昭明太子勤学最多的地方了。每年,昭明太子都会随着老师沈约由京城回到乌镇。此处便应是他们读书吟赋的绝佳去处。可听蝉噪,可享绿荫。底下一汪绿潭,若隐若现的鱼儿们欢快畅游,粼粼波光映入桥面,如此清幽的学习环境,真是符合昭明太子高洁傲岸的心境与对于山、水自然之景的喜爱。当沈约、萧统二人漫步长廊,共论学习之道时,一老一少组成的温馨画面,令人动容。

长廊之下,青竹挺立,几株巨树交错于其间,地面上绿草丛生,放眼望去,尽是青绿。一座庞大的园林,中间一方方正正的水潭,又被桥梁分成四宫格,布局匀称,颇得苏州园林之韵。

　　从现在格局的分布,依稀可以想象出当时书院之样貌。由正门进入书院,对着的是一处天井。看着地上坑洞遍布的青石板,不难读出它的历史悠久。天井后,是一处令人叹为观止的图书馆。其间藏书丰富,映衬上红木书柜,更托出一副典雅气韵。图书馆旁放着几套桌椅,那应该就是昭明太子与沈约坐下静心读书之地了。二人端坐木椅,手捧竹简,琅琅读书声便能传至一整个书院了。

　　书院对面,矗立着昭明书院的正门。进门便能望见一尊昭明太子的塑像,他面容俊秀,一双似乎看透世间万物般的双眼一直凝视着远方,凝视着一整个乌镇。身着素衣,显示出他的素朴。脸颊瘦削,想必便是母亲丁令光去世时,他多日不进食,对着母亲的陵墓痛哭不止,之后也进食稀少造成的吧。他的眼神中还饱含哀怨,似乎是在叹息自己英年早逝的事实与父亲并不真正了解自己的悲伤与落寞。昭明太子沉船落水,伤了大腿后,为了不令父亲操心,他终究选择了隐瞒病情。他怎么也想不到,这次,是他在世间生的最后一场病。直到去世,梁武帝才知道他的病情有多么严重,但已经来不及了。他一生仁慈孝顺,对于父母百般敬仰,为政清廉,为人老实、宽厚,与自己的父亲更是相处融洽。不承想,他竟在"蜡鹅事件"中遭人诬陷,让原本亲密无间的父子感情出现了隔阂。皇帝不再信任他,对于萧统来说是一次莫大的打击。萧统本着为母亲驱邪、祝福自己的意图,将蜡鹅等物埋入土中,竟被曾经最信任的臣子诬告想谋权篡位,企盼当朝梁武帝萧衍早日驾崩。虽然昭明太子的淳朴善良的品格人人皆知,但心存忌惮的萧衍还是与萧统疏远了许多。自此萧统总有着一些哀怨在心头。在他死后,梁武帝以帝王之仪制行丧,且破例为太子立谥号"昭明",大抵还是失子的悲痛大过了帝王的疑忌。

这编撰了《文选》的才华横溢的太子,这仁慈贤孝纯良无瑕的太子,就这样永远地离开了他心心念念守护着的人世。昭明太子死时,众多百姓奔赴皇宫门前哭泣,他的品德令民众深深折服,却终究没能使自己的父亲擦亮双眼,令自己从诬告的黑幕中走出。这真是昭明太子毕生之遗憾了。

我缓步从侧门走出庞大的昭明书院,途经的是一座灯笼店。五花八门、各种各样的灯,琳琅满目地摆放着。每一盏灯,一经点亮,便能于黑暗混沌中令人不再彷徨,不再有孤独与悲伤。"昭明"二字,寓意光亮美好,照射四方,可不就像一盏明亮的灯火吗?在南北朝这样动荡荒乱的年代,他的高尚品格与纯正的品性,打动着身边一个又一个人。他如一盏灯,地上的烛灯,他如一颗星,天上的星灯,照耀着穿越古今的中国文人的心灵。

　　中华民族的历史,不正是因这一盏盏明灯而璀璨,而辉煌的吗?

　　斯蒂芬·茨威格有言:"这群星闪耀的时刻——之所以这样称呼这些时刻,是因为它们宛若星辰一般永远散射着光辉,普照着暂时的黑夜。"

乌镇昭明书院

赵蕴桦

　　"客子光阴书卷里,杏花消息雨声中。"清晨的乌镇,安静得有些异常,沿着雨读桥的台阶拾级而上,没有人声。"吱呀"一声,古老的木窗被推开,从檐上垂下的青绿色的藤蔓已抽着新芽,长长的触角微卷着探进窗来。我不说话,从雨读桥的西边走来,一共十二级台阶,感受到鞋底踩在凹凸不平的石板路上,每一下,我都能听到岁月沉淀在这里的,来自大地深处的,深沉又悠远的回响。在乌镇三十多座古桥中,雨读桥着实独特。南面临碧水,北面砌粉墙,顶上有盖,墙上有窗,坐在靠南的一排木椅上,"雨读桥"三个龙飞凤舞的大字,猝不及防地撞入我眼眸中。雨读雨读,顾名思义,是在下雨时读书。施曾锡先生曾有诗云:"闻说向时湾下路,沿街不断读书声。"传闻昭明太子与老师沈约同赴乌镇读书,下雨时便是在这雨读桥上。现在想来,这的确是读书的好去处。风声雨声读书声,夹杂着江南女子卖杏花的吆喝声,在静谧闲适的古巷子里,在悠扬的桨声中,确是让人心如止水。也怪不得元好问曾说:"何必丝与竹,山水有清音。"

　　讲到雨读桥就不得不讲讲昭明太子萧统了。从某种意义上来讲,他是一个"幸运儿"。他的父亲萧衍即位那年,他顺利地被立为了皇太子,那时他是萧衍唯一的宝贝儿子。从品行道德到知识才学,各个方面的大咖名流都被萧衍请了来当太子的老师。萧统也十分争气,"三岁受《孝经》《论语》,五岁遍读五经,悉能讽诵"。但是,他的生活、行为习惯却处处受制,有许多应知应会、不许不准。随着时间的推移,他渐渐长大,"美姿容,善举止,读书数行并下,过目皆忆。"假以时日,他必然会成为一位好皇帝。萧衍对这位大儿子也十分满意,经常有意无意允许他参与一些政事。

　　再往前走,来到了昭明书舍,深吸一口气,我缓缓抬步,走进了这间图书馆。古朴厚重的气息扑面而来,大厅里很安静,门前挂着几盏橙黄色的灯。据说在当时的南梁,昭明太子的藏书最多。大厅四周竖着木柱子,窗子仍是复古的模样,用木头做成,镂刻着繁复精美的纹路。用手轻抚,岁月已在上面留下沧桑的印痕。我穿梭在这儿的一排排书架间,世界地理、四书五经,木料的清香和淡淡的、儒雅的书卷气息,萦绕在周围。似是在悠悠深邃的历史长河中,无数名人,无数经典,像星一样在你身边,熠熠闪光。挟飞仙以遨海,抱明月而长终,我想做一个昭明太子那样的人,让书香浸润到骨子里,与灵魂融为一体。平生最大的梦想,便是如此吧。

　　天监十一年到十五年之间,萧衍判案。"上敦睦九族,优借朝士,有犯罪者,皆屈法申之。百姓有罪,则案之如法,其缘坐则老幼不免。一人逃亡,全家顶作。"皇族犯法不与庶民同罪。

萧统不一样,纵观他的一生,贯穿一个"仁"字,它不以自己一人之下、万人之上的太子身份而颐指气使,而是抱有最大的善意和爱心。或许也曾有无数次,昭明书院的窗前,他用手撑着下巴,明明已经很困,却始终无法入睡。看窗外万家灯火星星点点,五彩斑斓,他在想什么? 不是荣华富贵,不是歌姬舞女,更不会是宫廷之内的钩心斗角。他想的是这世间千千万万普通老百姓的幸福与温饱,勤俭节约,恭谨朴素。十多年来,背着父皇,他一直也都是这么做的。他帮助平民百姓,为他们送大米、做衣裳,却总是悄悄给,没有大张旗鼓地宣传,更不想让全天下都知道这些大米是太子所赠。在老百姓心中,他是无名英雄。

顺着门前一条碧水望去,密密麻麻的青砖白瓦,美轮美奂,风拂在萧统脸上,微冷,灯光照耀下,他眼中的仁慈与博爱,那么耀眼。大爱无声,不求扬名,"安得广厦千万间,大庇天下寒士俱欢颜",他毕生所愿,毕生所求,或正印证了杜甫诗中的这一句话吧。

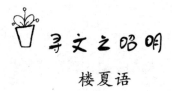

寻文之昭明

楼夏语

漫步于青石板路上，穿梭在竹林花木之间，寻访昭明书院。

书中常说，帝王最难当，一朝天子，自要管理好国民大事，上到各国之间的纷争，下至民间的柴米油盐，都受到帝王决策的影响。作为帝王子女，身上同样担负着重担，其中太子尤为重要，在完成学业的同时，又要兼顾父母、亲友，以及民间百姓的生活，所以说，要想成为一个好太子，做到人人称颂并非易事啊！可拥有最高权力的感觉实在太美妙了，所有皇室子都争着要想当上太子。这单凭学识远不够，拥有绝对学识的同时，还得带有与生俱来的幸运。

梁武帝的儿子萧统就是这样一个有学识的幸运儿。

萧统是梁武帝长子，梁武帝萧衍期盼已久的男孩，其生母又是当时位于六宫之首的丁贵嫔，梁武帝一登基，便封他为皇太子。萧统自小聪慧好学，《梁书》中记载他"三岁受《孝经》《论语》，五岁遍读五经，悉能讽诵"，萧统拥有好的口碑，深受百姓们喜欢和爱戴，因此，萧统凭借着自己的实力，在太子之位上稳稳当当地坐了三十年，最终在 31 岁时染病去世，谥号"昭明"，人称"昭明太子"。作为太子，萧统虽在政治史上没有多少强项，可在后世，他"昭明太子"的名气却大过一些文官武将，甚至还大过他的父亲梁武帝，这主要源于他在文学史上的地位。一千五百多年前的昭明太子，出于对文学的喜爱，"组建"成了一个兴旺的"文学集团"，包括《文心雕龙》的作者刘勰、元嘉三大家之一的鲍照，都是这个庞大的"文学集团"的成员，帮助太子萧统编辑了一本诗文选集《文选》，因太子萧统谥号"昭明"，这本文选又称为《昭明文选》。这是我国现存的最早的一部诗文总集，汇集了从先秦至梁间八百余年一百三十位作家的诗文，所选诗文语言优美，辞藻华丽，还含有深刻的道理，且对仗工整、韵律谐和，基本上汇集了那一时期文学创作的精华，这也正是昭明太子所说的"事出于沉思，义归乎翰藻"。

后代的文人墨客皆以此书为治学之根本，《文选》也成了士人登科及第的敲门砖，成为诗人、作家等人儿时的"必修课"。

如今，我跨入昭明书院的大门，古色古香的建筑中，扑鼻而来的古董气息令人闻着头疼，粉墙黛瓦，地上却铺着整整齐齐的石板砖，顶上悬挂着灯笼。LED 书灯及一旁摆的货架，将历史的印迹生生抽离了去，将这昭明书院，将这文化的圣殿从历史中劝退。我寻了个清幽的僻静处坐下，转瞬间，仿佛回到了南朝时的乌镇,回到了那时的昭明书院,雨淅淅沥沥下着,昭明太子撑着一把油纸伞,独行雨中。他身后的中庭里,不再是灯火阑珊,只见点点烛光在风雨中摇曳;不再是粉墙黛瓦,青砖上的一丝绿意,是大自然中肆意生长的野草,不受任何束缚。一株野草,又不仅仅是一株草,更是萧统内心的放肆撒野。这一生,他享尽荣华,却换来一身疲倦,换来心中的谨慎,没有活出最真实的自己,他唯一能为自己、能为百姓做的,只有编写这一本《文选》,为百姓、为后人留下文学的财富。太子萧统望向书院大门,烟雨迷蒙中,几位文人已走入书院,朝自己走来,那一株野草,在风雨中摇晃。

雨依然如旧……

烟雨江南,江南烟雨。这突如其来的一场大雨,似是在冥冥中宽慰这位英年早逝的太子,他那"以能文为本",那"事出于沉思,义归乎翰藻"的《昭明文选》,为后代文人带来光明,光耀千古。

自觉与困陷：一圈涟漪的两难

黄佳尔

在有流水乌篷的地方，我总能很早地起来，起来去看那悠悠的扬波。

今晨也不例外。日刚升起的时候，我就坐在昭明书院外临水的石阶上了。那河里不时有小鱼儿争跃而起，泛滥出层层涟漪，在初生的红霞中格外明净。有风过处，它们化成渐散的波痕，随着水纹向东去了。

我发了好久的呆。等到头顶又飘过一片云的时候，才终于回过神来，觉得是该想些什么了。看着一圈涟漪、一层波纹，我忽然对自己发问："它们也与人一样，有自觉吗？"如果没有，那为何它们会逆着东流的水痕，荡出自己的界域呢？如果有，又为何它们这么快便放弃了抵抗，投入东流的大军中去呢？

大概在外人看来，这些涟漪即生即灭，即存即亡，无有生命可谈。但我眼观之，只见其随风吐纳，随日鳞行，一瞬的生命，也自有真心。然而，随着波纹消散，我又不得不怀恨地慨叹：此处真心，变幻无常，实乃假性；此种自觉，落入迷网，是常是断，不过一更大的困陷罢了。为何如此？水中波纹缘影为心,以妄作真;岸边的人亦以永动为静,以全波为水,将全妄之幻相误作"真"了。一淌涟漪的两难正在于此:若要真正的自觉,便须得离水自存,不受其限;而水外无波,一离了水,波即不存,何谈自觉。

自觉意味着困陷,自由之时也是幻灭之时。

这是流淌了千年的水、生灭了亿次的波,在晨曦下告诉我的秘密。我再看时,原来它早已含藏在各处,波浪相生、双手拍掌、物影相映,世界无处不是如此,不过千百年与一瞬的差别。

我长吁一口气,回头去看昭明书院,青檐墨瓦下有几缕微光,正仿若太子的身形。我忽然觉得那身形就是阳光下快要寂灭的涟漪,也明白了要用什么样的眼光去看他,去看飞尘和记忆、虫壳和游鱼。

本传中的昭明,仿佛已经对三教的各类运用臻于化境,以至于呈现出一个完美的梁朝储君人格。但是,这就如同看波与水一样,亦是我们的以妄为真。在重叠历史的掩映中,我们可追寻昭明之多性情。《梁书·昭明太子传》载:"(统)性爱山水,于玄圃穿筑,更立亭馆,与朝士名素者游其中。"《广弘明集·卷二十一》有昭明所作《解二谛义令旨》《解法身义令旨》二篇,是太子十八岁于玄圃园讲经时记。《梁书》本传又载:"(母丁贵嫔)及薨,步从丧还宫,至殡,水浆不入口,每哭辄恸绝。高祖遣中书舍人顾协宣旨曰……有我在，那得自毁如此。可即强进饮食……"他仿佛永远被困在各种身份中：向往山林自然，却超脱隐逸不得；想做儒士，又身担帝王权衡；精研佛法，然为庶事俗务羁绊。昭明《同泰僧正讲诗》曰："已知法味乐，复悦玄言清。何因动飞辔，暂使尘劳轻。"在朝堂上多么隐忍大义的昭明，只有在深究佛法，或畅游山林时，才能使自己暂时脱离尘劳的蒙蔽。

在史料中，我们处处可见昭明的自觉。他拥有储君使命的自觉，拥有多元文化汇通融合的自觉，甚至拥有上位者对下层人的大慈悲心的自觉；他就像明净的湖水，在政局危乱、四海不平的深水中一次一次泛起涟漪。然而，这些性情，哪一个才是昭明的真性？

似乎都不是。那么，难道这位仁德素著、资质称绝的储君，是一个没有自性却处处自觉的人吗？

其实，若是抛却时间与空间的隔绝，在读昭明时你会发现，不只是你，他也在找自己的真性。这位太子已困陷于"随事而变"的世事和格局太久了，坚定又急切地想构筑一方净土，以期在其中不受限制地发挥自己。这片净土，就是昭明《文选》。

昭明以一种巧妙的文学的方式，以极度的烦琐细致来解构世界的杂乱，除此，又在其中填入自己的多面。《文选·卷五十九》中,有一篇与南北朝佛玄互通直接相关的《头陀寺碑文》,其中"行不舍之檀,而施洽群有;唱无缘之慈,而泽周万物;演勿照之明,而鉴穷沙界;导亡机之权,而功济尘劫"诸言,三家具备,有道体自然之念,道济天下之心,又有物我俱一之思,真明广照之志。此一句与昭明之经历心境契合如一,吾人读之,亦稍可见太子编纂《文选》之意图也。

然而,本来期望在《文选》中肆意展示自己、发扬自觉的昭明,却也脱不出自觉其身带来的困境。玄学的大盛与清谈风气日浓对统治者来说并非乐事,因此,他虽然推崇谢灵运的山水诗,却仍将其划入"能文"之类,而敬畏不敢评议"不选之选"的儒佛之经;虽然爱嗜陶诗,但还是将《两都赋》放于开卷首篇,以彰经国大业,以悦皇心。

上述种种,也许并非违逆昭明本意而做,因为在梁武帝有意识地培养下,昭明已自觉地形成了储君的眼界与立场,使他不可能完全超脱于世之外,沉浸于文学的欣赏。容仪恭美,昭德遍明,施仁处处,却壮年薨逝,这个南朝政局中的"涟漪",无论在生命还是在《文选》中,都和水波一样,有自己的两难。欲往变中求净土,殊不知,此净土亦是变幻造就。昭明找不到自己,而只能找到一种眼光。

同样的是,我们这些在史书中寻赜索隐的旁观者,同样找不到真正的太子,而只能拥有一种角度。或于波中看水,或于水中见波。

《文选》之于昭明的意义在此，之于后世的意义何在？所谓"云起肤寸，能雨天下"，自魏晋南北朝时起，"文"从"史""哲"中渐分，越发扬了其怡情的属性，《文选》等诸书皆可反映。在昭明《文选》的序中，显示出一种于政治谈文学、不离俗世谈山林之心的倾向。我们不禁又要问，文学的自觉性何在？是自觉离于政治确立价值，还是自觉服务、干预政治？

序云："譬陶匏异器，并为入耳之娱；黼黻不同，俱为悦目之玩。作者之致，盖云备矣。"似乎文学的自觉不在立意，只在"以能文为本"。此观点来源已久，譬如鲁迅先生一文中言："他（曹丕）说诗赋不必寓教训，反对当时那些寓训勉于诗赋的见解，用近代的文学眼光看来，曹丕的一个时代可说是文学的自觉时代，或如近代所说的为艺术而艺术的一派。"如此看来，文学自觉正在于其自为的属性，然而历史却证明，文学的自为无论在何时，都无法摆脱开政治的范式。这似乎又成了文学之下一个波与水的两难。

日头渐起了，乌镇变换了朦胧的清晨的图景，似乎要让人在妄中寻些真出来，可我却觉思绪纷乱，仿佛将整个人生和世界的意象都拆解成了碎片。安知这不是在真中自去找来的妄呢？

我站起身来，走向河边，鞠起一掌的水，洒向不远处的游鱼,看着縠纹渐平,那水温润非常,直拂我心。一霎间,躁烦皆静,忽觉波水本无二,一切都是我这庸人自扰,妄自区别。即相而离相,若自引为波,可于幻灭中得自如;若自引为水,可纳万千波纹,映恒沙众影,亦得自如也。《大佛顶经》云:"离真心,别无妄想可得,如水外无波;离妄想,别无真心可觅,如波外无水。但破遍计,则依他起上即显圆成。"

正如昭明,历史层掩下,谁又得见其真。若离昭明,这许多思维从何处落实上去?若执其性情,则思维本已是妄,又到何处寻真?与其说吾人在此构想昭明之寻觅,不若说吾人自在寻觅,自执于性。而昭明,也许早已游走于三教,不囿于后名;早已无计本性,逍遥轻吟。

回看前文,哑然失笑。不知何时,头顶盘旋的蜻蜓已倏然不见,蝉鸣亦随阳光四起了。

乌将军所愿

陈颢文

　　唐宪宗元和年间,中央实力大幅衰减,地方官吏趁机各自独霸一方。位于浙江一带的刺史李琦也想称霸,成为割据一方的枭雄,为此举兵发动叛乱。霎时间,浙江一带兵荒马乱,民不聊生。田地荒芜不堪,百姓流离失所。唐宪宗紧急指派乌赞将军前往镇压叛乱。乌赞率兵讨伐,以严明的军纪,精准的战术,打得李琦率残部落荒而逃,乌将军乘胜追击,至乌镇的车溪时,李琦突然挂出免战牌,要求休战。于是乌将军率部下就地扎营,进行休整。但狡猾的李琦却在停战当天夜里发兵突袭,企图利用“闪电战”摧毁乌赞部队。乌将军立刻率兵迎战,李琦再次向后撤退,乌军策马追杀,却不料终于落入李琦设下的陷阱,忠勇的乌将军,中乱箭而亡。吴起赶来,杀退叛军,但乌将军却永远沉睡在了乌镇。乌镇人民为了纪念他,修建了乌将军庙。

　　乌将军庙大门通体灰白,庄严肃穆的石拱门前,立着两头威武的石狮,从此不难看出乌镇人对于乌将军的敬佩与爱戴。大门两侧的小门正上方,赫然写着四个烫金大字:“御蔺”“捍患”。四字分成两词,像两块牌匾,概括出了乌将军在乌镇立下的丰功伟绩。《礼记祭法》云："夫圣王之制祭祀也，法施于民则祀之，以死勤事则祀之，以劳定国则祀之，能御大菑则祀之，能捍大患则祀之。"这是古代制定祭礼的原则——只有为国为民做出了贡献的人，才配享百姓的祭祀。乌将军在国家存亡之际，在百姓患难之时，无惧无畏，身先士卒，为保一方安定，不惜付出生命，可不就是能御大菑、能捍大患吗？我想，这偌大的乌将军庙，便是对他此生最高的致敬。

庙内前堂，是身穿便服的"乌将军"，他端坐于椅上。细看他的容貌，严肃冰冷的武将外表之下，似有着一颗温和善良的心。他双眼闪烁着光芒，聚精会神地盯着庙外，好像还在一如既往地关心着这个让他曾经付出热血的人世。他应该是一个沉静、细致的人，却也会怒发冲冠为贼寇，对于危害江山社稷、将自己的野心置于百姓幸福安宁之上的人，他简直恨之入骨。对敌人彻骨的恨，就是对百姓无私的爱，这样的爱恨交织，化作想要速战速决的冲动，战胜了理智，身经百战的乌将军落入李琦精心设置的圈套，含恨而亡。他的热血，永远地留在了乌镇这片稻花飘香、鱼虾丰美的土地上。

我想象着他倒下的那一刻，恰如夸父逐日，终于走到了失败的终点站，夸父掷出了他的木杖，化作一片桃林，桃林结出仙桃，为来往的人们解渴，激励着人们追逐梦想，继续前进。乌将军呢？也许，正是他奋不顾身的英勇气概，激励了后来平叛的官兵,奋力杀敌,迅速取得了胜利。

我想象着他倒下的那一刻,恰如盘古开天地。他的身躯与乌镇肥沃的土地融为了一体,从此这里的稻花飘香、桑蚕肥硕,都与他有了紧密的连接;他的血液流入乌镇曲曲折折的河湖港汊,从此这里的鱼虾满网,秋蟹丰美,这些都沾染了他的滋养。他与乌镇,通过那一段历史,永远地生长在了一起。

乌将军,还令我想起《三国演义》里五虎上将之一的大将黄忠。他是武艺高超、顾全大局、令许多将士都为之胆战的名将,却因刘备的一句"老将没用",而怒发冲冠,急于为关羽报仇立功来证明自己,最终中了马忠的埋伏,被箭射杀。黄忠是为证明自己而死,乌将军却是为百姓、国家而死。一个成就小我,一个成就大我。同样的战死,意义不同,被人记忆的方式,当然也绝对不同了。

后殿内的乌将军雕塑与前堂相比就是天差地别了。这里的乌将军通体乌黑,身上披着的铠甲与手中执握的长剑泛出不容侵犯的光泽。他双目微闭,似乎在思考着什么。战争是残酷的,因为一个人的野心勃勃而引发的战争,则显得更为残酷,无辜的百姓家破人亡,血流成河。普通的士兵呢?哪怕是敌军,也是一条条鲜活的生命哪!但如若不尽快平叛,家国就永远不可能安宁,百姓就永远只能生活在这样的水深火热之中。想到这,乌将军手持一柄长剑,阴冷的眼神射向敌军。长剑直取首级,浸满血液的剑刃,一次又一次地刺穿敌人的胸腔,划过敌人的咽喉。当乌将军弯起臂膊,将刀尖上的血液擦拭于衣襟上时,他周身传来的冰冷杀意,定会令人胆战。但古语有云"胜败兵家事不期",纵使他治军严谨,英勇善战,练就了一支铁军,也没有任何人胆敢保证他将注定永远胜利。他的倒下令乌镇的百姓意外,也令乌镇的百姓痛心。人们不愿意他就这样离去,于是,在庙堂里,他被高高地耸立起来,被精心地雕刻起来,被一批又一批人的香火供奉起来。

这两座塑像之间的几进建筑,是一方美轮美奂的园林。清水碧池,玉竹葱茏,大树擎天,幽寂的长廊静静地对称地坐落在庭院东西两侧。亭台楼阁,如诗如画。炎炎夏日,这里却鸟鸣清脆,流水潺潺,这样的太平岁月,不正是乌将军心心念念孜孜所求的吗?

乌镇的鸿鹄·中国的茅盾

陈颢文

成为一只鸿鹄，展翅翱翔，这是少时茅盾的壮志。

年少时的他，便显得与当时普通清朝人不同，不受封建礼教约束，对于被别人称作"闲书"的读物更是爱不释手。青年时，他以一篇《志在鸿鹄》与一篇《记梦》惊艳老师。当时，正是封建制度瓦解的时期。中国犹如一只正在蜕皮的蝉，脆弱至极。列强环视，虎视眈眈，洋枪大炮推开了国门，偌大的中国，曾经屹立于世界东方的雄狮，被各国势力瓜分。国家动荡，中华民族面临灭亡之险。一批一批血气方刚的有志青年挺身而出，受到先进文化与思想的熏陶，立志于勤奋读书，强健魂魄，拯救自己的祖国。

1921年，茅盾全家迁到了上海居住。身为一位爱国文人，茅盾先生以自己《小说月报》主编之务，积极宣扬新文化，后来又创办了《公理日报》，主编《汉口民国日报》，由此受到了反动势力的迫害，只得隐居起来从事文学创作。在1921年至1930年这十年间他四处奔波，辗转各地，甚至不得不流亡日本。

1930年，茅盾从日本回国后，母亲返回乌镇定居了。茅盾有机会返回早已阔别多年的家乡。虽然他没有跟随母亲在乌镇定居，但是一年几次的返乡历程，让他见证了各股势力对于百姓的压榨。茅盾同鲁迅一样，握起了笔，开始了以农村当时的深刻变化为题材的文学创作。在他的笔下，真实地再现了日本帝国主义的魔爪、国民党官吏的横行贪污将百姓们压迫至濒临破产的凄惨地步。曾经相当富庶的江南农村及小市镇，呈现出一片萧条的景象。

《林家铺子》正是这种局面的一个缩影。书中的林老板，一个谨慎而又精通生意的小商人，本想安心赚钱，养家糊口，却受到了日本军队的压迫与国民党官员的敲诈。青年们终于奋起反抗，"抵制东洋货"这一做法使林老板生意陷入困局。在大家的努力下，东洋货终于不能再在市面上流通了。为了将生意做下去，林老板不惜用四百大洋贿赂商会会长，终是换取了东洋货的继续售卖权。不久，为官的卜局长，看上了林老板的女儿，想纳作小妾。林老板不甘让女儿受如此屈辱，断然拒绝。这自然招来了卜局长的报复，他以"拆烂污卖贱物，捞几个钱就打算逃走"之罪名，扣留了林老板。为了能早日被释放，林老板又花费二百大洋被保释出狱。此时，林老板已经被敲诈至倾家荡产的地步，面对债主的追债，显得狼狈不堪。最终，在债务、官吏压迫、日本侵略的三重洪流之下，林老板的林家铺子终究没能躲过破产的命运，他独自一人逃走了，留下妻儿们于乱世苟活。一个普通城镇的小商人，在当时混乱不堪、国不成国、家不像家的时代背景下，事业、人生的大悲剧就此落幕。

　　林老板这一类人，不是什么大奸大恶之辈，也没有什么大是大非之觉悟。作为一个对客户说话算话、对债主的催债都能按时偿还的人，他算是一个讲诚信、守信用的商人。当向比自己低一等的王老板要货时，他就摆出一副嫌弃的模样，有空便钻的剥削本性暴露无遗。向商会会长贿赂时，他点头哈腰，似一条狗在乞求食物，做出百般讨好之态，简直与前者天差地别。欺软怕硬，也许是那时候的小老百姓们的普遍本性。茅盾用自己的一支笔，将国人麻木的心灵、混沌的目光刻画得入木三分。他们看不透这个世界到底发生了什么，还将发生些什么。对"强盗"们的敲诈勒索，林老板一味地委曲求全，换取的却是对方变本加厉的敲诈。可见，当时有很多这样的百姓，并没有举起反抗的大旗，而是任由这些人剥削自己、压榨自己，直到无法忍耐，只好选择弃家逃亡。即便有些反抗，也是无组织、非长远的谋划，换取来的只是更深的压迫与麻木。

　　在这篇小说中，我印象最深的，是茅盾对雪景的描写。

　　"天是当真在下雪了，林先生也没张伞，冒雪到恒源庄去亲自交涉，结果是徒然。"

"此时已有十一点了,天还是飘飘扬扬落着雪。买客没有半个。"

"天又索索地下起冻雨来了。一条街上冷清清地简直没有人行。自打有这条街以来,从没见过这样萧索的腊尾岁尽。朔风吹着那些招牌,擦擦地响。渐渐地冻雨又变成雪花的模样。"

"雪是愈下愈密了,街上已经见白。偶尔有一条狗垂着尾巴走过,抖一抖身体,摇落了厚积在毛上的那些雪,就又悄悄地夹着尾巴走了。自从有这条街以来,从没见过这样冷落凄凉的年关!"

书中对于雪景的描写越来越凄惨,这暗喻着中国经济形势逐年下滑的严峻态势,也是对于林家家境由艰难至破产的侧面烘托。林老板心头上雪愈积愈多,对于未来,林老板的心境已然可用绝望来形容了。

那时的乌镇,百业凋零,日渐破败。作为一直以来商业繁盛之地,已然不见一丝生机。看到自己的家乡变得如此面目全非,茅盾先生是怀着多么沉重的心情、握着多么沉重的笔写下来这篇小说的呀!

如今,乌镇成了一座闻名全国,甚至闻名世界的江南水乡。这里游人如织,风景如画。饱含历史遗迹的古街,如诗如画。人人的脸间,洋溢着发自内心的从容的笑。热情好客的乌镇人，迎来了世界互联网大会，迎来了乌镇一年一度的戏剧节，迎来了木心美术馆，迎来了乌镇大剧院……

乌镇又回到了碧水点缀上棹船的烟雨江南。茅盾先生于1981年长辞于人世。在他诞生110周年的纪念仪式上，他终于回到了乌镇这片他深深惦念、深深热爱着的故土上。今日，我走进茅盾故居，登上一座小山坡，上面立着的，正是茅盾先生的塑像。他双手抱于胸前，右手握一支笔，那支笔曾经记录了他对这个世界最深情的希冀与祝福。他希冀一个更光明的世界，祝福这个世界上的人们都能安居乐业，都能守望幸福。

这也许就是先生捐献自己的稿费作为奖励基金、设下茅盾文学奖的初衷吧。星星之火，可以燎原。文学如是，对幸福的追求，更如是。

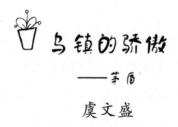

乌镇的骄傲

——茅盾

虞文盛

　　在浙江省嘉兴市桐乡市的西北一角,京杭大运河的河岸上,这儿山清水秀,西市河缓缓淌过,多少年来,这儿得天独厚的环境,聚集了无数来自水的灵气,一位位文人巨匠便由此诞生了。

　　1896年7月4日,风和日丽,乌镇的一户人家,房中,女主人正痛苦呻吟,房外男主人在焦虑地徘徊,随着接生婆的最后一次拉扯,一个男婴呱呱坠地。他的出生,并非如同李耳一般不凡,也不似曹丕降生时"有云气青色而圜如车盖当其上",更不像赵匡胤"赤光绕室,异香经宿不散。体有金色,三日不变"。他的出生很平凡,但他对中国文学的发展却功不可没。

　　德国著名哲学家叔本华说:"一个人的道德性质、性格、性向、心地皆得自于父亲,而智慧的高低、性质及其倾向则得自母亲。"茅盾自幼十分聪慧,他的父母都是镇上的医生,在子女的教育问题上,非常开明。茅盾十岁时,他的父亲沈永锡病倒,不久与世长辞。父亲病逝之后,家境开始贫寒,他与母亲一直相伴。到十三岁，家中已然没有闲钱让他去念中学。他独立乌镇桥头，远远望着学堂的方向，心中一片纠结：到底去还是不去？此时的他已然有了想要走出去，找寻拯救这片破碎山河的理想。儿时的教育告诉他，要有乌鸦反哺的赤诚孝心；少年的拼劲告诉他，闯出一番自己的天地，为这个时代留下自己的呼喊。

　　夕阳西下，他默默走回家，望着天边的夕阳，眼眶渐渐湿润：母亲这么疼爱我，应该不会同意我的吧……走进家门，家里的气氛异常奇怪，母亲沉着脸，就连活泼的弟弟也一言不发，看到此情此景，他的心瞬间咯噔了一下：不会母亲已经知道我想要出去吧？看着满脸严肃的母亲，茅盾惊慌地来到母亲面前认错："妈，孩儿知道，中学离家这么远，爷爷走了，父亲走了，若我走后，家中只你一人支撑了，可孩儿想去上中学，中学毕业就是文化人了，就可以独当一面了……"他话未说完，母亲便将了将他凌乱的头发，轻声说道："娘不反对你。相反，娘还十分佩服你的选择，你是一个有骨气的好孩子，娘尊重你的选择，我知道你是担心我，但你要记住，你也是半个大人了，有事放手去做，未来是属于你们的。娘刚才也正愁你的去处，想必你是误会了，这下好了，刚刚费家来找我，叫我家孩子同他们的公子一同去上湖州的中学，路上好有个伴，我这就给他们一个答复。"说完母亲便兴冲冲地跑了出去,只留他一人愣愣地站在那里心酸地笑着。

　　不久,船头,一位风度翩翩的少年站在上面,他身背着行囊,身后是一位书生。码头上,站着一群送行的人。他转头,与母亲四目相对,眼中是不舍,更有无限的坚毅。

　　果然,几年后,几经辗转,茅盾高中毕业,在母亲的建议之下,进入北京大学继续深造,开始以手执笔,以笔为刃,刺破黑暗,呼唤光明。1927年,因南昌起义的失败,他决定开始撰写小说,把真实的现状用小说的形式向这个世界发出一丝呐喊。他创作了一系列脍炙人口、深入当时社会现实的作品,在中国的文学史上留下了光辉灿烂的一页。

　　晚年的茅盾体弱多病,他一生奔波,落下的病根无数,但是,他依然坚持创作。1981年3月27日早晨5时55分,85岁高龄的茅盾在北京协和医院病故。就在去世不久前,他叫来自己的儿子沈霜,说道:“我想用自己的稿费来设立一个文学奖,一个单项的文学奖的基金25万元够吗?”“这是件大好事,25万元可是一笔可观的数目,能起到很好的繁荣作用。”沈霜答道。“那就设立一个长篇小说的吧,这几年来短篇小说有了足够的进步。”

　　这就是现在中国最重要的文学奖项之一——茅盾文学奖的来历。至今,已有53位作家获此殊荣。茅盾终于通过这样的方式,延续了对社会的关切,对国家命运的继续关注。

　　一个人的生命是有限的,但他所创造的价值和精神的力量,可以无限。

在乌镇读沈泽民

王炜铭

温庭筠笔下的乌镇是"秋风凄切伤离,行客未归时。塞外草先衰,江南雁到迟"。兴许这是因为温庭筠看过了乌镇连年的战火,才有此感。不过现今,我对乌镇的评价与徐平的《乌镇逢雨》大体相同:"桐叶疏疏苔壁青,乌篷船向古津停。行来李巷连陶巷,到处旗亭复井亭。"

双脚踏上乌镇这片水乡,确乎是如此,梧桐树上的叶子稀稀疏疏,不怎么浓密,阳光洒下来,细碎的树影落在地上,清幽的苔藓与阳光交织在一起,绿意盎然。乌镇的客船沿着岸边停靠,不知名的鸟儿高昂着头立在船艄上,甚是惬意。一路走来,一巷连着一巷,到处是河流,到处是石桥,到处是粉墙黛瓦,到处是藤蔓滋生。待到夜晚,又像极了史鉴所说的"月明乌镇桥边夜,梦里犹呼起看山"。乌镇的月夜,是极好的,坐在临水而建的水阁上,映着月亮的水波闪烁着,犹如在梦中的一片无比静美的画面。船夫从桥洞里摇摆着进出,店家的灯光也渐渐熄灭了,唯有岸边的一条条客船还享受着静谧的月光。偶有几条鱼,从水面划过,便再落入水中,整个乌镇都开始安静下来了。

在这才子佳人、英雄豪杰不知凡几的一个小镇里，一位位能人在岁月的长河中沉淀，成为小镇的灵魂，在此永垂不朽。乌镇有一座名为"灵水仙居"的私家园林。这是一座规模宏大且难得一见的园林。据载是崇祯初年进士唐泷在这里修建了此园，取名为"灵水仙居"。听别人说"灵水仙居"明媚秀丽，淡雅朴素，曲折而幽深，里面有王会悟、孔另境等人的纪念馆。我禁不住想去一饱眼福，便搭上车子去了。

"进入园内，首先映入眼帘的是一堵蜿蜒的围墙，雕刻着中国传统风格的图案，中间有'双龙戏珠'，两旁有'梅竹仙鹤'。穿过镂空的窗，可领略到园中石山，秀水，绿树，尽得曲径幽深之妙。"不知这是谁的导游词，说得倒也生动形象，不过，对于"双龙戏珠"，我倒是联想到了另外的一层深意，这门口的两条龙是否就是盘踞在这片土地上的沈雁冰与沈泽民两兄弟？也许就是如此吧。这两兄弟都为新中国的文化文学事业做出了杰出的贡献，为中华民族的崛起付出了自己毕生的心血。他们令乌镇这方原本就文脉流传的土地更加充满了令人向往的神秘色彩。

笔名为茅盾的沈雁冰，自是为大江南北的中国人所熟知。茅盾文学奖，是中国长篇小说最高奖项之一，是多少文学家心中的高峰。

相比之下，他的弟弟沈泽民在外的知名度，恐怕要逊色许多。

其实，沈泽民同样是个非常有所作为的文学青年。

1933年11月，窗外夜色寂静深沉，像极了鲁迅先生所写的那篇文章《昏沉的夜》，社会是多么黑暗啊！沈泽民面色憔悴，发丝凌乱，带着愧疚在案头艰难地奋笔疾书，用笔做最后的战斗，临终写下一封万言检讨。写完后，他长叹一声，握着前来看望他的同事的手说："一定要以万死的精神，实现党的斗争方针和转变，去争取革命的胜利！"

1932年沈泽民缴获敌方文件，了解了敌人的"清剿"计划，天未破晓，他手指战图与吴焕先等人分析敌情，决定乘敌孤军深入、立足未稳，集中兵力歼灭敌人，蒋介石的"清剿"计划由此破产。

1931年沈泽民参加了党的六届四中全会，并当选为中央委员。

1926年担任英文翻译出席党的六大……

一步又一步，我看着时光的倒流，看着沈泽民从一只翩跹的蝶重新变回洁白的茧，茧里面，是天真的幼稚的他的童年。在水乡的大街小巷奔跑，在咿呀的摇橹声中欢笑，他迈着坚定的步伐走出这个小镇，走向外面广阔的世界。

时光飞逝，终于又走到1933年11月，那一夜的天空，晴天霹雳，下起大雨，雷电的光在沈泽民的窗前闪过。而他只是苦着脸，用手敲打着大腿。他不甘心，但他不后悔，不后悔自己为共产党的事业劳苦奔波，他恨自己，恨自己为何不能再活得长一些，见证革命的胜利。窗外的雷电就是他的怒吼，是他的不甘，更是他作为一个马克思主义信仰者临死前发出的最后一声咆哮，他愿用自己临死前的最后一丝光彩照亮这个黑暗的世界。

我心中不禁生出一个疑问：为什么？为什么是乌镇这片土地，孕育出了像茅盾，像沈泽民、孔另境这样握着坚韧的笔，战斗到底的文人？是因乌镇柔婉却绵延不绝、无处不至的水？是因乌镇千年不朽、铺展至每家每户的坚硬的青石？也许都是。他们像水一样，大象无形；他们又如石一般，铿锵有声。

我走过冗长的巷弄，用一片赤诚之心感受沈泽民在这片土地上的一呼一吸。直至今日，这座古镇仍在坦荡地讲述着他们历久弥新的情怀。就像一卷古老的卷轴展开，它一点一点铺在我面前，我默默地细细地看着它。我不会喧闹，不会嬉笑，用不动声色的沉默，带着一点淡淡的忧伤，带着一腔满满的敬意，读他们的往昔，读古镇的今日。

乌镇奇女子
——王会悟

虞文盛

　　"孤城坐断水中央，胡不归来兮遥乡？"初来乌镇，迎面而来的是满面清风，水乡的气息充斥着整个被太阳笼罩的乌镇，走进景区，映入眼帘的是小桥、流水与人家。乌镇的一条又一条老街临水而建，水过处，无不繁华。我一路顺着阳光透过树荫洒下的剪影，来到一座古桥，河水澄澈碧绿，一条条游船悠然穿行，这里一切的一切都充满着诗情与画意，我恍然想起木心在《从前慢》中写道："从前的日子慢，车、马、邮件都慢。"确实，这般慢生活总是令人着迷的。"被酒莫惊春睡重，赌书消得泼茶香"，人们在茶馆一坐便可是一整日，望着窗下的游鱼、缓缓的河水，再转头已近黄昏。"轻舟短棹西湖好，绿水逶迤，芳草长堤，隐隐笙歌处处随"，这里的船夫们缓缓地摇着船桨，摆渡了一批又一批的客人。"天净水平寒月漾，水光月色两相兼。月映水中天。"这儿的夜景又别具另一番风味，不知多少年前起便倒映着岸边的万家灯火的河水，慢条斯理地流着，轻波荡漾，或许它觉着自己还年轻吧？

　　唯有岸边斑驳的街区、老屋诉说着河水的悠久历史。

穿过桥头，眼前是一片郁郁葱葱。定睛一看，才发现是乌镇的灵水居。灵水居，语出刘禹锡的"山不在高，有仙则名，水不在深，有龙则灵"。门口正对的一面石墙，在藤蔓的掩盖下，两条石雕的蛟龙相互戏珠，两边则是仙鹤在梅树上互相凝望，顺着路标一路寻找，终于"王会悟纪念馆"几个大字出现在眼前了。

不得不说，王会悟是一奇女子。她出生于乌镇这个人才辈出的地方。她的父亲是晚清的一位秀才，也正因父亲开明，所以她才能够得以接受当时的新思想。后来王会悟的父亲病逝，家道中落的她先是去了嘉兴师范学校，一年后，便兴办了乌镇的第一所女子学校，在这学堂中，她不断地给学生们传授新思想，反对封建礼教，鼓励学生解开缠足，却因此而遭受保守乡绅的唾弃，最终几经辗转，在同学的提议下，王会悟毅然决定前往上海。

边走边看，透过展板上的行行文字，我仿佛看到了王会悟临行前的毅然："既然无法在乌镇一展拳脚，那就去上海吧！"说罢，她便拿起行李，深情地看了一眼哺育她多年的西市河，一如河水的波澜不惊，一如河水的深藏不露，在她纤柔的外表之下，是她誓要为共产主义事业付出一切的坚定信念。

1919年5月，陈独秀在自己寓所中成立了上海马克思主义研究会,人手紧缺。王会悟自告奋勇,担任了研究会李达的助手。最终两人互生爱慕,在1920年4月成了夫妻。

1921年7月30日晚,随着紧促的敲门声,王会悟紧张地来到门前,门一打开,一位密探无礼地闯入了屋中,中共一大的第六次会议就这样被打断了,各代表紧急撤离,当晚撤离后的代表们行色匆匆赶到李达的家中,一大原会址不能用了,他们又将何去何从?现实的残酷,使他们不得不重新思索。这是一场决定中国命运的会议,不能有误。有人说去西湖举行,但西湖当时已闻名遐迩,他们即便装作普通游客,也容易被人撞破。到底去哪更为稳妥?一旁一直沉默不语的王会悟说:"去南湖吧,那里安静,没有西湖那么知名,不容易引人注意。还有,嘉兴是我的故乡,万一真有人出了事,我总能找到一些沾亲带故的关系,将人解救出来。"这一句话宛若黑暗中的一束灯光,照亮了当时与会人员的眼睛:"好,就这样!""可以。"众人纷纷应和。王会悟连夜坐车到了嘉兴南湖,南湖的朝阳很美,王会悟一步一步坚定地走着,看着黎明前一丝殷红,露出会心的笑。她知道过了今日,真正的黎明便会来到,一切努力,绝不会是徒劳。

1921年7月31日中午,南湖下起了小雨,平静的水面泛出点点微波,随着千万雨点的落下,湖面不再平静。湖心,一叶扁舟,缓缓航行。船上一位纤细的女子,穿着一抹素色的旗袍，打着一把油纸伞，款款而出，雨滴顺着她的伞檐落下，一丝微风掠过，细雨无声，她像一幅画，静谧的画。她澄澈的眼神中，闪过一丝坚毅，她望着眼前的烟雨江南，如此美好的江南啊，怎舍得让它就这样陷落在无尽的黑暗之中呢？她的思绪如雨一般纷飞着，她的眼眸中渐渐地绽放出了万丈光芒。

　　这位从乌镇愤然出走的女子，最终乌镇人民又将她的灵魂和精神以纪念馆的方式，让她永远地驻留在了乌镇。此时的乌镇，早已成了人们心中那个平和、诗意、浪漫的乌镇。在故土看着这一切的王会悟，应该是欣慰的吧！

一场小盒子里的散步

金小琰

木心美术馆,由多个方形小盒子组成的建筑,水中倒影扩大了其声势,远观仿佛一个独立的小世界。木心先生,从来都在保护自己的小世界。

他确乎是从风浪里过来的。

玻璃封住的展台,长长地铺着密密匝匝的小字,芝麻都要比它们个头大些,那样多那样满,凑近也无从辨认一二,这张看不见的网,摊开一段墨色的岁月。

"五月的鲜花,开遍原野",乌镇沦陷,木心到西湖边支起A字画架,受到似乎伦敦似乎巴黎编辑的赞赏。后来进入上海美专,同时,失落了留学梦。因着腐败的"蒋政权",左翼青年挥斥方遒,参加学生运动。土地革命时,炮火中幸存的乌镇大宅院不保,母亲上交财产后来找他。后来他被学生诬告组建"反动小集团"身陷囹圄。狱中的木心听着雨声感慨"这与我又有什么关系呢",能漏进来的月光灼灼,自由似乎近在眼前,死亡也是,以至于他甚至不敢探出头去。

我无意多言他的惨况,只是在铺陈他的底色。

他穿着齐整而绅士的衣服,戴着礼帽,微笑着在黑暗里散步,眼睛亮得出奇。

当我怔怔望着投影上他的样子,耳后传来游人的声音:"穿得一副文质彬彬的样子,好像知道自己死后一定会被捧出名一样。"

就像对他的评价:太自恋,爱抖机灵,以小聪明充大智慧。妄图傍身大师。

就像他的转印画,脱离传统审美需求,水墨运用在当时是无法为国人欣赏的。

就像他的文字,他作为在美华人横空出世,晚年其文字才在大陆出版。

由此,他注定不会是普通人,不能为大多数人所理解的。

说他求名,诚然,《赴亚当斯阁前夕》中"年年名疆利索",晚年握管无力,他仍在最后一页笔记上留下"功成名就乎,壮志未酬也",就像母亲落魄来找他,手上依然戴着的白丝网手套。他也有无法摘下的礼帽。倒粪桶,也要将厕所打造成光洁灿烂的艺术品。他是有"自知之明的",自己了解自己,于是通亮透彻了。

但追"名"实在更像是在求"解",先生为中国古诗惋惜,惜其不能为外国人理解,生地即死处,又言"而我又最擅长诗"。其间种种婉转沉重不可说。总之一叹"窃以为明月清风易共适,高山流水固难求"。

木心的转印画创作于"文化大革命"时期，精心的安排，偶然的表现，虽然一派墨色无夺目的亮彩，却处处是坦白从宽的野心。崇尚北宋，学达·芬奇，渴望成为大家，他凭直觉创建属于自己的教堂。这批画当时不为国人理解，后在美国大使馆得到叹赏。

人言木心先生最多的是妙语，许多书中或诗或短句，先生总是大方地把"我"摆在明面上，且见地总有不一，于是"我"难免成了靶子。

还好，深厚的中西知识奠基了精神，支持他一直热烈而真诚地爱着艺术。于是他挨过了艰难岁月，坚持不以死殉道。不得志时又转投纽约，洗着廉价的盘子维系生活，听不进最爱的音乐，写得昏天黑地，一直在写作却从不曾发表，年过半百的，前途茫茫不可说，可谓无底深渊。

还好，诗人是没有年龄的，先生"散步"到纽约，最终还是回归故里。1984年，台湾《联合文学》创刊号，1/3的篇幅留给木心，余光中、梁实秋等其他40多位作家分属2/3，终于，《联合文学》一举成名。同年哈佛为木心举办了生平的第一次个展。这位"文学的鲁滨孙"多次漂流，只为自守着内心。那是他的前程万里。

我静静地戴着耳机，看着屏幕里眉眼因为老迈而格外弯曲的慈祥老先生说着对雕塑幽默的评价：

"我说雕像是最苦的

永远不能变

我死了以后

要是人家给我做雕像

那我就苦了

像普希金那样

永远那样

该累死了

我手要是摆成拿烟的姿势

人来了给我夹根烟

如果放一根我不要抽的烟

飞马牌(入狱时的创作用纸)

完蛋了。"

他嘴角不禁牵出一丝笑,却又带点涩,像是咬了一口没有成熟的乌梅。

在乌镇采访时,有人问:"您这样不会太悲观了吗?"他笑着道:"悲观只是一种观念,没有悲。"一如馆内,展厅多是昏暗的,间错的枯山水白石在阳光下反射一切明朗。他从黑暗里走来,他的底色是悲哀,可有一双叫作光明的眼睛,那样亮,连苍老的褶皱也遮掩不住。有浅浅淡淡的笑,是礼貌是得体,何尝不是一种可爱。可以爱艺术,可以爱他的世界。

他兀自笑着,孤绝地回望悲哀。

不光为着他对孩童眼光的向往。"一切都是对的。"即为人所理解的,诚觉先生是"孩子气的成人",是个赤子,可以接受任何的污蔑,可以被打倒,却无从拿下。总怀着不惧碾压的鲜活,杀死庸碌的情怀,天真与果敢。暮年仍渴望车马邮件都慢的日子,要回到母亲的怀抱,上一把别人能读懂的锁。或许他也曾陶醉在同一片乌镇的傍晚,在那样温婉暮色中,世事或皆可原谅了。

邀请木心回到乌镇定居的陈向宏先生眼里的木心,实际是个会考虑住房需要花钱否、水费多少的老人。读者来访说:"我找诗人。"答:"这里没有诗人只有老人。"纵然老矣,他与自己对话,他在书写,他还在作画,坚持到能拿动笔的最后一刻,画生命蜡烛的熄灭。木心美术馆建成,和居所不一样,安在西栅,先生很满意,以为其卧东怀西,一如一生融汇东西的他自己。乌镇渐渐复苏,建筑、文化都日益散发生机。他静静在晚晴小筑老去,最后葬在这里,成为乌镇的纷纷尘土,长养新的艺术。

他总是保护着自己的小世界,死后却将一生置于美术馆中展览,展示悲剧,展示永恒,像他崇敬的凡·高和塞尚一样,死后被更多的人理解。他是有被时代评价的勇气的,若不然,权当也是一场散步了。

再翻开他的书,端详他的画,由一点生出很多,像晕开的墨。我想,这该是他乐见的。

先生说:"别写我了,你们写不好我的。"

确实,对人的评价从无好坏的标准。

"我理解世界,世界就是我的",踏进美术馆时,馆就是我的。当提笔写就,印象里那个笑着的老人,我该戴上叫木心的礼帽了。

物事

异闻记

黄佳尔

　　东南形胜处,有镇名乌青,此地青石幽致,灵水交隔,载物之功尽显,造化之力无穷。镇东桥边坐落着访卢阁,木石垒砌,临水筑屋。年深日久,杂人少至,阁中桑枢荜门,芜草瘦竹,历历可见。正是停舟驻马之地,眠月忘俗之园。常有客子寓居一晚,次日兴尽而归,口内只道:"奇事! 奇事!"甚奇事耶? 原来楼阁西厢不远处有一庐舍,常有人于入夜时分燃烛摆摊,煮茶待客,不取分文。舍主自号"玉川子",有见者,以言绘之曰,老叟鹤发童颜,长须垂鬓,飘飘似仙。更有甚者,谓此处各朝名士高僧,残魂尚在,余息不绝,每入夜,即化身形,与老叟谈茶品禅。

　　一日,有僧游方途经,闻其言,不以为异。暮色渐沉,僧宿其地,破牖寒灯,飞尘一室,执卷诵经。辄见窗外幢影,忽香气袭拂,似有人声。僧怪之,遂出觇视,果见灯烛俱明,瓦舍俨然,有一老叟击水调盏,茶香四溢。僧即出而执礼问询,老叟相让作揖。问其姓名,其人笑答:"吾乃茶仙玉川子,结庐于此,以占松风朗月也。"问高寿几许,玉川子指点舍旁古松曰:"与此同岁。"僧了然。但见其旁炭火充满,隐隐有豆其之气,僧又问:"老翁制何茶耶?"玉川子答:"此乌青烘豆茶,用料平常,然异香十里,乃奉客之上选也。"一言既毕,忽听得不远之处有响动,由远及近,声若钟磬。其言曰:"玉川老儿,既有茶吃,何不请得老僧来也!"言未尽,其人已至,玉川子笑迎而上,口内玩笑道:"禅师好大力,此地贼寇俱叫汝吓去了?"二人相视大笑。客僧方知此乃宋时性空禅师,于是合掌问询,又见老僧手执一苍黄竹杖,挑荷褴褛衲衣,虽破衣敝屣,然相貌庄严磊落,似坦荡春风,不觉有亲近意,此心亦逍遥起来。玉川子取豆烘茶,不多时,与二僧依次奉了两盏,又斟了一盏,自取相陪,三人同桌而坐。月满良宵,佳客来访,恣意闲谈,好不快活。

一时茶毕,性空以杖点地,笑而相询:"老僧今立一言与汝,望二位各抒己见,切莫悭吝珠玑!"玉川子笑道"快讲!快讲!",客僧亦以礼敬待。禅师复以竹杖击地,笃笃数声后,方发问曰:"老僧请教,吃茶者谁?"

客僧微思片刻,吟道:"我本恒沙数众生,吃茶常为洗尘凡。修得宝相庄严体,莫使乌云蔽青天。吃茶者是一求法僧也。"禅师指其人大笑:"凡僧凡僧!此净缚大弊,六祖若见,必斥汝也!"客僧登时羞惭。不时,玉川子亦吟:"吾乃云中一鹤子,偶从林深到山前。水月松风相邀至,茶香留我不留年。吃茶者是我得道茶仙也!"禅师亦笑:"快畅在我,何在云天?"

老叟笑而无言，请以禅法指教一二。

性空起身拄杖，踱步中庭，即对二人言："茶禅本一味，何有二耶！无修之修，明心见性，顿悟般若。"二人称是。

老僧指盏又道："譬此烘豆茶，制也是，吃也是，全是一颗平常心。是道，有何刻意寻求，规矩讲究？挑水砍柴，无非妙道，吃茶二字，即在此参契机，养缘法也。老僧问吃茶者是谁，便是使汝行住坐卧，皆做修行。汝亦须知，平淡并非造境，原是本心自在无染，只于日中起用，则物物可见真如。"

二人侧耳而受，那老叟情怀欢喜，忍不住道："想来便是庭前柏子无奇意，吃饭吃茶困即眠罢。"得闻此言，禅师合掌大笑："这老儿，如今吃得茶不是茶，却是一机锋了！"玉川子拊掌亦笑曰："清风朗月，吾今可自谓羲皇上人矣！"

此言既出，二人心已相通，对视而笑。客僧亦得听清吟，心怀开朗。闲谈许久，不知半夜已过，一时忽云雾四起，惊雷震震，僧以袖掩面，倏然音声俱寂，烟光退散。僧稍定心神，睁眼视之，却是房舍皆空、人影全无。僧大骇而醒，觉青灯燃尽，门牖皆开。双腿已麻，而手中书卷依然，往出寻之，踪迹不见，只余松树一株，摇摇映月而立，似老叟清逸神韵也。此时天光乍现，地中赫然横一苍黄竹杖，其上隐有瑞霭腾升。

僧始知此地人言不虚，遂心下大敬，顶礼叩拜。至天明，取纸笔记之，供后流传，亦期有缘人，与心契神合，吟咏性灵，俯仰天地也。

小记白莲塔

王得一

　　我缓步小桥流水之上,看树影在碧透的河面越发苍翠动人,恍惚间一树高耸身影,穿透密密遮着的叶,无声却震撼地从眼中的地平线上蹿出来。

　　古朴,庄重,该用什么词来修饰?粗壮的绿树不减其雄姿,飘逸的青云不削其灵动,飞檐似雄鹰展翅,宣告着身为塔的使命,它一如它的名字——白莲塔,矗立在这江南水乡之中,恰如一株白莲盛开在宁静祥和之处,肩负着它身为佛塔的圣洁使命。

　　移步相近,临水,有桥,这是乌镇的特色吧!砖木混搭的色彩单调却不失变化,在弄堂里是朴素而亲近的,如今渲染在塔上,却显得威严了。

　　但它似乎没有什么故事,宋崇宁年间起,倒后修,修复修,至如今这样子,不似雷峰塔有凄美的传说,不如大雁塔历史更为悠久,它身为乌镇之巅,却不震撼人心,至少,在掩去岁月后,它是那么的普通。

　　是的,普普通通,在初见之时不免令人心生遗憾,可亦是这份普通,护得这水乡浮世一隅的安稳。它默默注视发生在小镇的一切,看船橹摇过东栅、西栅,看多少人家炊烟袅袅升起,时过境迁,作为西宝塔的它,又寄托着多少人的希望及期盼呢? 它同那东宝塔,一同看着灰瓦白墙的小镇中人来人往,守护此间风月。

塔前有寺,寺塔同名。

举步上几层高塔,木梯陡斜,横梁撑柱,斜倚塔上横靠,放眼远眺,方知白居易之诗所云"欲穷千里目,更上一层楼"也。只见得远山任弯曲的弧线放荡天际,浮云遮日,衬着浩浩运河一线,"白浪"翻滚,似水光冲天,江潮汹涌,如晴天忽然一霹雳,天河顿开,银花四射。川流不息的是繁华乡镇永不停歇的航船,动人心魄的是画中方有的烟雨江南,树影傍人影,迢迢无尽飞檐,平添一抹生气。

古时,尚有寿圣塔居东遥相呼应,大街小巷织作疏密有致的蛛网,几处青绿点染,几抹朱红彩渲,遥想多少年之前,有多少同我一样的人倚靠于此? 我想这座塔一定记得,在它的记忆里,也一定留下了我的驻足。又是一个回首间,斑驳不失韵味的门墙映入我眼,塔分七层,每层有木门以闭锁,历经几百上千年的时光,已探不清是何时修刻而成,横竖几道,十分简易,抬首,看到那榫卯支起的檐边,层叠交错,繁多却不失有序,不禁令人感叹我国劳动人民之才智。我想象着一个身影,他质朴淳厚,同一群与他一样的人在几百年前来到我此时所驻足的地方，只不过那时这里是土地罢，就在这空地边，是小小的乌镇，那时城镇一定是小的，生活一定是慢的，他们在空地上慢慢堆砌着，一块砖，一片瓦，一根大梁，一处活木，等到塔顶垂木雕刷已毕，他的发鬓爬上银丝，手指生出老茧，他站在与我相同的位置上，同样看运河之上行船，小巷之中行人，只不过漆是刚刷得耀眼，木是新雕的致密。而现在，塔在人去，没有多少人闲下来好好看这座塔了，人们拍照，人们登高远眺又下来。

但我想那来自千年前的他知道白莲塔仍耸立在运河之畔的时候，一定会笑吧，像塔刚刚落成时的那样。

塔的记忆里全是乌镇，人呀，事呀，无尽的记忆里也有他呀，他那仍时能从西栅涌动的某个游客大脑中闪现出来一抹身影。

它不是可有可无的，少了它，乌镇便不再是乌镇了，塔汇聚着山川灵气，让活在水里的小镇活灵活现。塔不倒，镇永存，镇若存，塔绝不倒。

就是这么一座塔呀，名为白莲之塔，在它前面的寺不重要，或许，连它的名字也不重要，白莲不过是人们对它的称号罢了，重要的是人们记着这水乡乌镇，记着这乌镇有西栅，西栅有一座塔。

我小心地下了楼梯，走出塔门，走过寺门，回首，端详，说真的,它不惊艳,但它不渴求留下浓墨重彩的一笔,它安静随性地站在那,或许,这才是为何其名为白莲吧。与世无争,不与它物为敌,不争瑰丽,但求平安。

步过寺前小塘,放生池里,游鱼自在。

探访月老庙

陈颢文

　　一根红线,牵起无数情人的姻缘。一条红丝,是对爱情的美好向往。

　　偶然地,在乌镇老街,一条笔直幽深的巷子吸引了我的注意,转角的巷口石墙上端正地写着巷名"红丝弄",心下便不觉地将其与牵红线、管姻缘的月老联系起来。果然,指示景点的木牌上有"月老庙"的字样。带着探寻的好奇心,不由自主地往巷里走。巷内几株巨树擎着绿叶,遮蔽住了天空与烈阳,似乎此处只允许清风拂过。白粉墙经过岁月的冲刷而略显灰黑,青苔遍布于墙角,墙内的石砖微微裸露出来,形成了一幅颇具艺术性的抽象画。石墙头上,众多不知名的杂草探出头,耷拉着脑袋,似乎是趴在墙头上打盹。伴着穿巷而过的清风,燥热已经不知去向。

　　一出巷,一大片绿意冲入眼中,绿潭、绿荷、绿草、绿树,碧波荡漾的绿潭,好一派江南盛夏的田园风光。远处大树下的巨荫,是酷暑时避暑的去处。阳光从叶的间隙中钻出,形成点点光斑,令树叶荫蔽下的空地又有了活力。远处,有一片喜庆的嫣红。月老庙竟隐身于如此的欣欣向荣之地。细思也是,月老的传说,在中国民间,怕是蓬蓬勃勃地延绵了几千年了吧?几千年来,几乎所有中国的少男少女,在面对剪不断理还乱的朦胧情愫时,都会本能地在心中浮现出月老的面目,期待这位亲切又神秘的老者能给予自己爱的力量,能给予自己爱的美好结局。

缓缓走过木桥,行走于碧波之上,太阳于水中的样子极为耀眼,条条小黑鱼只得缩入水下,不敢露面。它们也正悄悄地躲在水底,窃窃地说着甜蜜的情话吗?

下了桥,只见数棵大树映衬下,有一扇木门,恍惚间,仿佛能通往晋代陶渊明笔下的世外桃源。据我所知,陶渊明之世外,是专相对他那个官场的世内而言,绝非连结发的妻、娇憨的儿也一起置之度外的世外。他的世外桃源,男女老少,日出而作,日落而息,相爱相守,生命繁衍更替,又怎能少了月老的存在?

跨入木门,河沟依稀可见,一座别有风趣的木桥跨于其上,桥面尽数是飘落的柳叶。清风拂过衣襟,蝉一刻不停地叫唤。木头桥尽头,有一处挂满红色饰品的屋子。古建筑独有的观音兜马头墙上早已层层叠叠攀满绿藤,起初疑是破落的小屋罢了,但那红艳艳的东西分明鲜艳夺目。正当我准备定睛看时,屋后忽飞出一对小雁,欢欢喜喜地一齐飞入云霄。我瞬间更深信了月老庙,寄存了神的旨意。

　　跨过木栏之时,整座月老庙的轮廓才完全显现于眼前。门栏上,挂着一块块红色的木牌,写满一位位香火客对于美满婚姻的期盼。碧绿的绿藤挂满院墙,用来祈福的木牌也顺着绿藤一片片挂着。红绿交错,甚为夺目。无意间,随手翻看几位陌生人留下的木牌,上面的小小一段话,读来令人动容。想当年梁山伯与祝英台,定然是婚书上早已认定的伴侣,他们为了自身的爱情与幸福,勇敢地对抗封建礼教,盖因他们彼此有着如此热烈的爱,所以就算死后,也要化成蝴蝶,永远斯守在一起。他们的红线来得晚了些,月老那天大约吃了酒睡过了头。不过,终于是来了,哪怕他们成了一对蝶。

　　吱呀一声推开月老庙的木门,跨过门槛,便与一尊塑像对上了目光。这一位白发老人,身穿蓝色素衣,神态颇为安详宁静,就这样睁着双眼注视着每一位前来祷告的香火客。他手中抱着莲藕,藕上系着红线。这便是传说中的月老的模样吗?

　　历史上,月老这一形象,最早出现于唐朝小说家李复言的小说集《续玄怪录》。

　　唐元和二年,青年名韦固,由亲戚介绍一女子,晚间前去约会。在月光下见到一位老人,手拿麻袋,看着无字书。他从老者口中得知,命中注定的妻子为一卖菜婆的女儿。韦固不信邪,派人杀死那女孩。结果杀手心生怜悯,放了女孩一条生路。多年后,韦固因英勇善战,被赐与刺史之义女结婚,婚后方才发现那就是多年前的卖菜婆之女。故事中现身夜色之中并做出预言的,便是后来一直流传至今的中国的爱神——月老。故事中的月老,就是用一根无形的红丝线将两个注定有缘的人联结在一起的。

月老庙一侧的小径,有一株名为连理之树,也叫夫妻树。树下,一位善男正虔诚地做着祷告。他微微低着头,双手合十,闭眼立于树下,想必也是在向着月老祈求早牵红线吧。或者他已心有所属,或许他正等着有缘人的出现,无论如何,这个忙都得是月老才能帮上了。

连理树后,还生长着一株合家树。相传在清末时,乌镇钱府的女儿秀莲与当时赴京赶考的书生文杰在乌镇香市一见钟情,他们于此相互约定,相守终身,不离不弃。五年后,两人终成眷属,儿孙满堂,阖家欢乐。多年后,月老庙旁边生出此树,树枝交错在一块,缠绵一起,形态十分奇特,酷似一家人,故称"合家树"。看来这里的月老庙,名不虚传。

朱家厅·厅上厅

朱铿谕

踏着西栅古街,晃晃悠悠地来到了一家珠宝店前,愣是怎么也没有想到,珠宝店的后面竟然是那古老又寂静的"豪宅"——朱家厅。

店内柜台错落有致地摆放,柜中一圈装上了小灯,光的映照下,柜台中的一颗颗红宝石、绿玛瑙,闪耀着夺人眼球的光泽,争着抢着向购买者展示出它们的美丽、迷人。抬头,数十盏灯悬挂下来,灯罩上一条条线条,恍惚可见偌大的"肇"字,光从灯底的圆孔打下来,给那在朱家厅前过于现代化的珠宝店添上一丝古老的韵味。店内的小姐姐们很好,为我们指了路,推开后门,迎面而来的就是寻觅已久的朱家厅。

随着南宋王朝的覆灭,建在乌镇的郡王府也随之烟消云散,虽说郡王府早已湮灭,但乌镇的小巷里,还是可以随处见到古建筑。先映入眼帘的是朱家厅的二进,1929 年,在乌镇,一场突如其来的大火把朱家厅的一进和二进几乎烧得面目全非。如今二进改成了一所参观的地方,里面不大,一个个展示柜,红艳艳的布上,放着一个又一个很小的饰品,个个都细致,通过银花花的饰品,模糊中,脑海中出现了一幅幅大户人家朱家的仕女为大小姐们佩戴饰品的各种画面。

梳妆台前，两位朱家大小姐坐在木质椅上，看着镜子里自己白皙的脸蛋，通过侍女的一番梳妆打扮，嘴唇上有了胭脂色，头发被高高盘起，一根小巧的银色发簪，在头发丝中穿梭，发簪的一段，两三个绿宝石，是松叶那样的绿，是玛瑙那样的绿，是乌镇的水那样的绿，宝石被镶嵌在发簪上，圆滑，小，同时看起来牢度很强，不容易掉，这样才符合"嵌宝"的制作要求。宝石向上延伸，最顶端是用来掏耳洞的，想象到大小姐"咻"的一下把发簪拔出，开始掏耳洞的画面，帅极了。有了发簪，耳环也不能少，清代早期的"累丝龙形金耳环"可谓是小之又小，每个耳环上挂着一条金龙，巧匠们心灵手巧，不仅把连指甲盖那么小都没有的龙的轮廓刻画得有模有样，连龙身上的每一个鳞片，每一条胡须都画得清晰明了，细致入微。戴在耳朵上，衬得大小姐仙女般的脸蛋，更加生动，更加可爱。

这些历经岁月沧桑保留下来的金银饰物，造型灵巧多变，工艺复杂丰富，精美绝伦，这些饰品散发出的点点光芒，闪现了乌镇在历史长河中沉淀下来的审美情趣。

再往里走，心心念念的三进终于出现。"朱家厅，厅上厅。"厅上厅，就是客厅上面还有一个客厅，这也是朱家厅在各种厅中最有特色的一个特点。踩着石砖，跨入门槛，才发现,不管是门、梁、柱、墙上都有之前那些心灵手巧的无名工匠精致入微的创造,如用刻刀在木头上雕刻出细致美观的花纹,又如发挥想象,刻出《三顾茅庐》《空城计》等脍炙人口的故事,继而制成那木门、木梁、木椅、木桌。在厅中,一副对联赫然显现在眼前:"鹤算奂疆共献蟠桃祝上寿,熊丸有训争看玉树慰高千。"正厅旁"合合桌"分成两半,据说如果合合桌分开放,那就说明男主人不在家,不谈正事,如果合合桌放在一起,那就说明男主人在家。它仿佛一个信号灯,告诉客人信息。正厅中正中央一幅画挂在那儿,一位老人白发苍苍,手拿桃子,下面的小孩踮起脚,扎着两个揪揪,双手向上伸开,似乎在向老人要桃子,身后,一位大人站在那,双眼一眯,一脸威严,看着前面的二人。在这幅画的上面,有着当年朱钦若亲笔写下的"肇庆堂",那飞扬的笔墨诉说着朱家辉煌的历史。

　　朱家以前是卖饰品的,如今"朱颜不再,遗珍依旧",朱家厅里的饰品依然能折射出朱家昔日的生活,闪耀的光芒和散发的灵气都仿佛令时光倒流,让我们惊艳!

轻叩书信老柴扉

金弋洋

　　光绪二十九年四月，南栅浮澜桥，乌镇邮局在此落成。时逢邮政蓬勃发展之际，它由一开始接收各国驻华使馆文件的邮务办事处，到收集洋华公众邮件的邮局。新落成的邮局立刻被围得水泄不通，挤满了前来寄信的人们。

　　当时设备十分简陋，只配有日戳、算盘等简单工具，由邮差步行投递，但却承载着人们的片片情思，勾勒出人们之间淳朴而真挚的情感。

　　民国三年邮局移址南大街民宅，乌镇解放后，邮局也进入了全新的发展时期。百年之后驻足于此，别有余韵。

　　虚掩的木门正对着潺潺东流的溪水，流水夹带着曾经的记忆消逝，碧柳掩映略显斑驳的砖墙邮筒，杂色的石砖下藏匿着无数先人缠绵不绝的思念。旭日未生，老街上静得出奇，鲜有路人往来。老邮局就这样庄严肃立着，我与他相对而坐，相看两不厌。店内陈列着清末与民国初年邮局的老物件，错落的展台，目光停驻在民国江浙一带收发信件的地图上，泛黄的图纸上印着岁月销蚀下模糊的字迹，眼前仿佛看到了绿衣使者在那个战火纷飞的动乱时代，跨过千山万水为相隔千里的才子佳人通一丝邈远的音讯,天各一方的人们在收到心心念念的亲人的书信时,化开冰封已久的笑颜,像热烈绽放的花,漫山遍野。

榆茵报晴,旭日渐升。

乌镇老街上逐渐变得熙熙攘攘,步履匆匆的行人,万千之中竟鲜有路人停下脚步驻足观望。看着书架上琳琅满目的精美明信片,竟有一丝怅然若失的烦闷。绿影绰绰的盛夏,却少了绿色的邮递员,骑着绿色的自行车,在热风中忙碌奔波的身影,清脆的铃声与绿衣使者从人群中轻盈而过,这一切的温馨画面都被定格在了记忆中。信息传播高速流动的当下,一封电子邮件便可给在千里之外的亲人朋友遥寄一份思念,人们不用再忍受遥遥无期的煎熬与等待,社会的高度信息化打破了人与人之间空间上的阻碍,却也少了木心所言,因交通条件地域阻隔而拥有的"车马慢,一生只够爱一人"的一段段广为传诵的佳话。我们体会不到岑参"马上相逢无纸笔,凭君传语报平安"的激动迫切,再难觅"烽火连三月,家书抵万金"的可贵,那"欲寄彩笺兼尺素,山长水阔知何处"的千古名句也早已无所寻觅了。

"沉舟侧畔千帆过",书信为新兴的交流工具所替代,邮局逐渐淡出我们的视野,社会的现代化一定会让我们失去什么,我们不必一味呼吁提倡重拾书信,若非极少数的恋旧之人想要追寻那褪色的印记,很少有人会再使用手写的书信,现代的信息传输方式比之书信有过之而无不及,我们没有必要再去重拾这耗时耗力、效率不高的交流方式。时过境迁,以书信传递信息的方式走向淘汰似乎不可避免,但其为中华文化创造的熠熠生辉的绚烂瑰宝不会褪色,不可磨灭。书信的价值,不会随着时光洪流而沉匿:抬头仰望,可见吴均《与朱元思书》"风烟俱净,天山共色"的奇丽景致;举目四顾,方览《答司马谏议书》"辟邪说,难壬人,不为拒谏"的字字箴言。在纸页间进入时间的更深处,中华的沧桑历史仿佛伸手就可以触摸,那些纸上的文字,让无数经历过的岁月浮现出了渐渐被湮没的细节。

　　一封信,一枚戳,在早已远去的书信年代,文字带着温度,串联起美好的记忆,它传递过佳音,也见证了历史的百年变迁。走进民国初年的邮局,仿佛身临当年,看得到那湿漉漉的石板路上,绿衣使者留下的足迹,依稀望得见捎带着邮包的小船,在朦胧中渐渐远去。

筷子春秋

赵蕴桦

推开店门,我猝不及防地被满架各式各样的筷子撞了个眼花缭乱,一排排的柜子、架子、桌子上,摆了许多筷子,数也数不清。在此之前,我似是从未想过在日常生活中普普通通不值一提的筷子,也有一天会高调地闯入我的视野,让我不得不重新抬起头,好好审视这一排排筷子。

从前的筷子,它只是食物的附属品,可有可无,平凡无奇。现在看来,其实每一双都精美绝伦,每一双也都与众不同。手上这副,淡淡的紫黑色,用金色刻着繁复的云纹,一勾一提,一点一划,都只有头发丝那么细,却让人看得清清楚楚。我用手轻轻抚上筷子的云纹,凹凸不平的触感划过指腹,有些痒。我的手背不禁颤了颤,筷身很凉,打磨得光洁顺溜。我有种在深山幽谷中的感觉,清凉又悠远。

传闻大禹治水三过家门而不入,平时只能在野外进餐,可时间紧迫,煮着的肉又太烫,大禹急中生智,折下两根树枝夹肉吃,这便是筷子的雏形。

司马相如曾有一首《咏箸诗》云:“少时青青老来黄,每结同心配成双。莫道此中滋味好,甘苦来时要同尝。”在我看来,在所有写到筷子的诗作中,这首最为动人。不少人都知道卓文君这个富家大小姐跟司马相如这个穷小子私奔了。而司马相如给她的定情信物就是一双筷子。一双筷子,是他,也是她,相爱相知,相濡以沫,身边的人是这双筷子中的另一半,即使走到天涯海角,不论甘甜苦涩,都需要一起承担,一起品味。"死生挈阔,与子成说",羡慕和筷子一般一生一世一双人的爱情,能"执子之手,与子偕老"。

相同的道理还有很多,正所谓"单丝不成线,独木不成林",倘若仅仅是一根筷子,便毫无用处,若是两根,才能吃饭夹菜,二人同心,其利断金,在这小小的两根竹筷上,我看到了许多,领悟到许多。

标准的筷子,长度是七寸六分,代表着七情六欲:喜、怒、哀、乐、爱、恶、欲,眼、耳、鼻、舌、身、意,世间万物、万象、万情,都融入这一对普普通通的数字中,两根筷子,一阴一阳,是为太极,一圆一方,象征天地。手拿筷子时,拇指食指在上,无名指小拇指在下,中指居中,是为"天地人"三才之相,或许这才是真正的大智若愚。一双普通平凡的筷子一般长得不大好看,有些老实敦厚的模样,却蕴含着多少文化内涵。拿起筷子,以观天道,放下筷子,立地成佛,说的便是如此吧。

在《红楼梦》中,刘姥姥进大观园,凤姐和鸳鸯为了拿她取乐,哄贾母开心,便让刘姥姥用一双象牙镶金筷夹鸽子蛋,令她当众出丑。后世许多读者从这一双老年四棱象牙镶金筷中读出了当时贾府的财力。这得是如何的钟鸣鼎食之家才能随手一拿，就拿出一双象牙镶金的筷子呀？

筷子的历史如此源远流长又丰富多彩。司马迁在《史记·宗微子世家》中就说了：纣为象箸。箕子叹曰："彼为象箸，必为玉杯，为杯，则必思远方珍怪之物而御之矣。舆马宫室之渐自此始，不可振也。"箕子也曾从一双筷子看到了纣王的荒淫无度，从而窥见商朝往后的兴衰存亡。

静静地站在筷子铺的橱窗前，有两根朱红色的大筷子，比一人还高。一根盘龙，一根舞凤，龙抬头上望，仰天吟啸，凤羽翅回旋，声唳九天。这也是筷子，华美高贵。

筷子从中国的历史长河中缓缓走来，似一位长者，将所有的聪明和智慧都收敛了，将所有的道理都融在木头的每一条纹路里，"随风潜入夜，润物细无声"。他只在不经意间告诉我们他的智慧、他的虚怀若谷、他的包罗万象。这或许正是我们中国人的品质吧。

乌陶之美

楼夏语

水乡乌镇，仿佛脱离了纷繁世界的轨道，人们有的是时间静下来，感受生活的闲情逸致，坐在街头，泡上一壶好茶，看遍繁华景，再端起茶杯，抿一口，回味生活的种种。此情此景，我不禁想起白居易的那句"红泥小火炉，能饮一杯无？"。

乌镇当然也少不了陶器的身影。

几天前的夜晚，华灯初上，夜晚的西栅大街分外热闹，随好友月月走在大街上，驻足一家扇子店前，众人皆被如此精美的团扇吸引了目光，可我却不喜这华于外表的扇子，转身想往店外走，忽地又被对面一家乌陶坊迷了眼，依然是熟悉的江南老宅。

走进铺内，一张张桌子，一排排架子上，摆满了各式各样的乌陶器具。透过光线，依稀看见里面还有几进房，刚想走进去一探究竟，就被叫了回去，我很遗憾没能仔细看看，但同时也很庆幸，至少我与乌陶已有了一面之缘。

今早，我再一次走到这扇门前，店内还是熟悉的摆设，还是同样的人，还是同样的货物，可不知为何，这次我的心更静了，看着眼前的乌陶，我仿佛感受到来自历史的亲切感。铺子里的叔叔说,每个人对美都有不同的看法,都有不同的追求,陶艺也是这样。远在9000年前,中国先民在从事渔猎、农业生产的同时,开始了最原始的建筑活动,后来,在火被使用之后,伴随着无数次的失败与成功,人类制造并开始使用中国古文化之一的艺术品——陶器,揭开了人类发展史上的"新石器时代"。陶器作为一种艺术创造,在任何时候都处于永不停滞的发展改变状态中,各个时代的陶艺也有不同的特征。宋代的秀丽,元代的浑厚,明代的庄重,清代的精致。乌陶就是陶艺中的一种。我在店里逛着,起初并没有发现乌陶和其他陶艺的不同。我问了叔叔,他说,乌镇地处新石器时代的马家浜文化区,1975年,在乌镇出土的一批文物中有一批黑色的陶器,因"黑"也称为"乌",所以这批陶器又称为"乌陶",这也是乌陶名字的由来。

　　在店里逛着,每一件都是那么精致,那么细腻,我不慕最昂贵的,倒是甚爱那"乌镇叶子",每一盏杯中都放着一片叶子,每一片叶子的形态都各不相同,摸上去质感光滑,看上去又似琥珀,叔叔告诉我,这是收集各种掉落在地上的叶子,带回铺子洗净擦干,拓影于盏,经1260℃左右的高温烧制后,就连叶脉也清晰细腻地保存了下来,每一件"乌镇叶子",都是关于乌镇独一无二的记忆与幸运。还有一套,我已记不得它的名字,只记得它的样子,每一盏杯上,都"画"有水墨画,山水、林木、花草。有一杯上，一位渔者泛舟湖上，山水相伴，天地相陪，品茶吃酒之时还能赏到如此画面、如此风趣之景，真真美事一件。

美来源于生活，制陶者正是出于对生活的热爱，才能在乌陶上如此别出心裁地表现出当地的风土人情。

一扇驱热暑

朱铿谕

乘一艘小船,船夫缓缓摆动着船桨,窗外,一家家店铺打着各色的灯。灯光吸引了船上的目光,船渐渐靠近。下船后,发现那是一家卖扇子的店。

店门依旧是一派江南古镇的韵味,通过镂空的木窗,隐约可见十多把团扇挂在墙上。一幅幅扇面各式各样,有水墨绘画的,有在上面刺绣的。

扇子大抵分为两种:折扇与团扇。在店里,这两种扇子被分类陈设着。它们像两方诸侯,各据半边江山,各有各的美景无限。

放眼望去,视线定格在一面团扇上,一朵庞大的牡丹花被画在扇的中央,周围用树叶加以点缀,画这幅画的人技艺也很是巧妙,每一片叶子的颜色都不同,但也毫不唐突,甚是和谐。扇的外圈被缝上了一层粉红边,细看,一条条缝纫过的痕迹记录着制作者的用心。把手是用竹木做的,扇面卡在把手里,一条大红色的流苏丝丝缕缕往下坠,摇起来一定柔婉生姿吧。

一把又一把的团扇各有各的来历,若是把它们全部买下,可以一人持一把,茶席上,石桥边,美人靠旁,扇子上下摇动,伴着徐徐的清风,人们谈笑风生。有人时不时地抿抿嘴,也有人直接笑得前仰后合。扇子在一前一后的纷飞中,送走了炎炎夏日,迎来了凉意丛生的秋。

再往里走,墙的背面是一排排的折扇,相比较团扇,我更喜欢折扇。江湖上,行侠仗义的侠客,手持宝刀,"嗖"的一下抽出折扇,"唰"的展开,"哗哗"开始扇风,坏蛋们纷纷倒下。一套动作行云流水,与侠客的身份格外相称。在卖扇子的店中,我注意到一把小巧的折扇,那是一把原本白色的扇子,人们在上面画上石、叶、花,石头的粗糙,叶子的饱满,花儿的灵动,都画得细致入微。仿佛令人看到的不是扇面上的画,而是来到了古镇的一处角落。石头错落地堆放在一起,一枝梅花从底下探出,这一朵那一朵,梅红、玫瑰红,画者为每一朵花都精心调配了颜色。除了梅花,另外还有岁寒三友中的竹、松:竹子画在扇面的上端,一节节向上生长,仿佛永远长不到头;松立在上方的左边,古老苍翠,一簇簇的松针,像从远古走来似的。松、竹、梅三种植物,在一方小小的扇面中,依然可见它们傲然的姿态、高洁的品格。

我曾去过绍兴的题扇桥,记得有这么一段故事:王羲之路过一座桥,桥旁的老奶奶顶着大热天,在摆摊卖扇,老奶奶满脸皱纹,坐在竹凳上,大声吆喝,来往的人很多,但没有人有闲暇时间去买扇。大家匆匆地来，匆匆地走，王羲之看在眼里，上前拿起老奶奶的扇子，提笔在上面写字，褶皱的扇面上，留下了王羲之的笔墨。老奶奶很生气，认定是王羲之打搅了她的生意，王羲之不紧不慢地笑了笑，跟老奶奶说："老奶奶，你跟别人说这是王羲之写的字，卖一百两银子肯定会有人买。"老奶奶将信将疑，王羲之走后，老奶奶照他说的那样做，果然有人来买，老奶奶的生意渐渐好了起来。这家店有一面折扇，上面同样题了名人的字，是从乌镇走出去的鼎鼎大名的茅盾先生的字，也不知是真是假。

　　乌镇的这家小店铺里没空调没风扇，今日正逢大暑，正是江南最湿热难耐的时节，店主老奶奶穿着背心，戴着一副厚重的紫色的老花镜，仿佛一点儿也没感觉到热。我想，大约是因为奶奶卖的是扇子，她在用这种方式告诉来店里参观的顾客：快来买我的扇子吧，这大夏天，天气热，买了扇子，扇扇风，就不会感觉到热了。

这一对三寸金莲

赵蕴桦

　　凝望着这双"三寸金莲"，很久很久，我没有说话。明明是一双很漂亮的鞋子，红色软布打底，绣上孔雀，闪着光的一对眼眸，彩色的羽毛像瀑布一般柔顺，雍容华贵而不失大气端庄。可用手指一比，却是只有一根香烟那么长。我简直无法想象当年的太太小姐是如何将自己的脚硬生生塞入鞋中的。

　　"小脚一双，眼泪一缸。"

　　传闻南唐李后主当年独爱小脚，他最爱的妃子，便是将一对小脚，用白布裹了，在莲花上翩翩起舞，宛若天仙，不落凡尘。后来风气逐渐盛行，上到宫廷女眷，下到农村妇女，都在缠小脚。生在那时的小女孩，打五岁起就得裹脚。一条长长的白色软布，将成为她们一生的枷锁。我不敢去猜测那个场面，一条裹脚布，一盆清水，将四个脚趾"啪"的一声从中折断。她们哭泣、哀求、声嘶力竭，却没有一个人同情帮助。在他们眼中，女子永远是男子的附属品，夫唱妇随、三从四德，只有不惜一切代价，讨得男子欢心，才能混上好日子。男人们喜欢这三寸金莲，但他们的做法实在令人所不齿。在青楼,男子喝酒时要请妓女,捧着她们的小鞋耍玩,甚至用于喝酒和吃饭。他们的喜欢,是随波逐流的兴趣和玩心,他们享受着这个过程,竟以玩弄和羞辱女人为乐。在所有小女孩因为缠足而痛得死去活来时,大人们总是这么说:"现在若是手软了,以后你会后悔一辈子!"后悔确然是后悔了,在往后的五六十年中,她们都只能踩着一双小脚,一步一摇,两步一挨,辛苦地奔走于田间家中。宫中和富贵家庭中的大小姐不用担心,她们天生便该是扶风弱柳、出水芙蓉,裹着一双小脚,娉娉婷婷摇曳生姿,走路时总有一群婢女侍卫前呼后拥,脚后跟几乎都不沾地。可那些跟风裹小脚的农村女子就不那么好受了,畸形的脚趾压在小鞋里,每踩一下都是钻心的疼。她们只能用脚后跟走,迈着小碎步,在田间忙忙碌碌。实在痛得受不了了,就只能爬着做,跪着做,这一生都在折磨中度过。

据说马皇后就有一双大脚,没有缠足,因此每次外出总要穿拖地长裙。为了避免露出这双脚,她花费不少工夫,"露马脚"这个词也由此而来。那些缠着小脚的女子,也不知是否向往着做一个没有三从四德约束,不用学习女才女德,能够想做什么就做什么、想怎么做就怎么做的人呢?

我最喜欢的词人李清照向来居首。关于她有没有裹脚,一直众说纷纭。在我看来,像她这样恣意潇洒的人,定是无法忍受被一根缠脚布束缚终生的。正因如此,她活得比一般女人都快活百倍。她曾开怀畅饮,"常记溪亭日暮,沉醉不知归路,兴尽晚回舟,误入藕花深处。争渡,争渡,惊起一滩鸥鹭"。曾夜游赏花,"试问卷帘人,却道海棠依旧。知否,知否,应是绿肥红瘦"。她有"莫道不销魂,帘卷西风,人比黄花瘦"的婉转柔肠,有"生当作人杰,死亦为鬼雄"的豪情万丈,有"只恐双溪舴艋舟,载不动许多愁"的万千思绪。不同于小脚女子的柔美纤弱,我更喜欢她的明媚鲜活、多姿多彩。这样一个聪明伶俐、洒脱从容的女子,活得自由,活得任性,但她也照样能嫁给自己喜欢的男子,做一阵子逍遥快活的人。

　　长长的布条一层一层围着,包住了小脚,束缚成了旧社会中人们变态扭曲的心理,暗红色的三寸金莲,沾染着多少闺中女子的血和泪。我们应该庆幸,如今再没有"大脚女孩嫁不出去"的说法,女孩不用再受这种惨无人道的折磨。曾经成千上万的裹脚女子是旧社会腐败风气的标志,她们都是一个模子里倒出来的人,小脚、纤腰、一摇一晃的走路姿势。而如今的我们,能活得自信,活得精彩,不会有人因为不裹脚而受到唾弃,因为我们坚信,每个人都不一样,每个人都能绽放出属于自己的独特风采。

浅浅的木格子窗

虞文盛

　　江南一梦,如一枕黄粱,虚幻而不切实际,然而梦中一切的一切又是多么美好,直入人的心扉。江南古镇的夏日,早晨是清凉的,微风吹过,东方新升起的红日照着店家半掩的门户,透过映着朝霞的花格窗,早市旁,已是人群熙攘。中午,街头的游人也渐渐多了起来,街边的店铺纷纷开张,蝉的盛情邀请就宛如此时的太阳般热烈,游船动了,船夫慢悠悠地摇着桨,嘴里轻哼着渔歌。

　　推开客栈的木窗,河上清风拂面。

　　黄昏降临,天边的一抹红褐与归鸟相衬,将整个古镇镶嵌其中,落日的余晖斜射着典雅古朴的花格窗,是一幅古色古香的宋画。夜幕降临,万家灯火,老街繁华了起来,人们步行街中,透过花格窗看着各种商品,就仿佛来到了古时。

　　清晨起来,拉开帘子,透过窗户,一切都是安静的,店家是安静的,人是安静的,水更是安静的,突然想起殷谦曾说:"越过浅浅的窗棂,夏正日渐成熟。悠远绵长的雨滴无声无息,漫向了节之尾,这时的休止符透明无边,不带一丝雪色的斑纹。很久不写诗了,在写完这些杂乱无章的文字后突然有了诗句,就作为这篇短章的结尾吧:'总有一些时候/让人莫名的染上时深时浅的忧愁/总有一些时候/让人不觉地想起时浓时淡的记忆/那段日子/欢笑与悲伤/离别与相聚/好像一切都会发生/好像一切都不会发生。'"

　　这样诗意浪漫又令人惆怅的窗棂,在乌镇,举目可及。沿路客舍、酒家、茶馆、书店,全是这般的花格窗装饰着。走在西栅老街,一路向东,若你抬头,两边房屋二楼各式各样的木头窗子,便会一一落入你的眼帘,简直像是一场流动的木格窗展。有规规矩矩方方正正的,拿着一横一竖来构图,显得一板一眼,像一位严肃的老先生;线条却干脆利落,如同古树的枝干,苍劲有力。有的则由一个个菱形组成,规整之中逸出了些许活性。还有的刻着蝙蝠、莲花等传统的图案,寄托着美好的寓意。花格窗的运用,使得整条西栅大街充满了一种古雅的姿态。

　　向前走,不远处一座横跨两条街的骑楼隐隐映入眼帘,窄窄的骑楼,其实是一条连接南北两边房屋的过道,也许是为了通风,也许是为了采光,过道两边都设了一整排的窗。此时,木格窗紧紧闭着,一动不动。这使我想起了古代大户人家的小姐,特别是明清时期某些地方的未婚女性,一般是不能下绣楼的,所以,倘若家中的楼房分布于南北两街,那就在两街之间建一座骑楼,让大小姐得以通行。真是难以想象啊,这样幽居在绣楼上的世界。在她们心中,门是一堵永远无法打开的铁墙,只有一扇扇窗,能聊以满足她们对于外界的好奇。看着这骑楼上的一扇扇窗户,装饰得精美绝伦,每当她走在骑楼上,推开窗,街道、店铺、行人、新鲜的空气,奔跑追逐的欢笑,一切的一切,这个鲜活无比的世界,明明就在眼前,却又如此遥不可及。从来都是听父母、兄弟、店里的伙计讲外面的世界,除此,便是窗户给了她有限的对这个社会、这个时代的片面认知。这样的时代,对女子是何等的不公平啊!

　　不知不觉就上了福安桥,桥边的人家,家中的窗竟是蚌壳窗。顾名思义,蚌壳窗便是用河蚌壳做成窗纱的窗户,流行于明清时期江南一带,因其要人工打磨,制作烦琐,只有大户人家才做得起。为何要在桥边做这样几扇窗呢?应该是不想让人看到屋内的场景吧。这蚌壳窗极为独特,远远望去就如同纯白色的大理石板镶嵌在木格子的框架上。走近了细看,蚌壳却又闪着象牙一般温润的光泽,每个蚌壳独有的纹理清晰可见,因阳光的折射,淡极了的五彩之光,在蚌壳中回旋,令人遐想联翩:仿佛跌入一个关于星空绚丽的梦,那些光芒,古老,悠久,走了很远很远的路,才来到我们的星球。

　　我在西栅一家古董店里竟然也发现了店主人收藏的花格窗。造型非常繁复,飞鸟走兽,盘着桃树而上的蛟龙,树下锦鲤跃出水面,岸边的仙鹿,枝头的蝙蝠,间以各种回字纹、祥云等图案交错着使用,令人眼花缭乱,我看了好一会,才发现这几扇窗是一整套的,花格最居中的地方,两人一组,一组一扇,雕刻的竟是传说中的八仙,"八仙过海,各显神通"的那八仙。着,铁拐李右手扶着拐杖,左手抓着酒壶,坐在一棵树下畅饮;吹笛子的应该是韩湘子;拿笏板的曹国舅……一个个栩栩如生。八仙的传说,是普通人修道成仙的故事,这样的故事令人向往,也最令人神思飘荡。不过,今天我全身心的关注点都在花格窗上,想象着这样的花格窗,该装在怎样的地方呢?杜甫说:"窗含西岭千秋雪,门泊东吴万里船。"如此壮阔,是人间的壮阔,杜甫似乎总是在人间,为人间的欢乐而欢乐,为人间的痛苦而痛苦,大概这样在人间的时候,是不适合装饰八仙花格窗了。王勃说:"画栋朝飞南浦云,珠帘暮卷西山雨。"倒是有了一点将眼光全然地看向自然的诗情画意了。"梦觉隔窗残月尽,五更春鸟满山啼""深秋帘幕千家雨,落日楼台一笛风""何当共剪西窗烛,却话巴山夜雨时"……在脑子里将古人的诗词文赋中的窗一一回味,细细较量,恍然发现,小小的一扇花格窗,竟承载了那么多重重叠叠的四季,那么多大大小小的天地。

　　熟知的还有一句:"今夜偏知春气暖,虫声新透绿窗纱。"花格的窗,因中间是镂空的,古时都要用纱或者纸糊上一层。

　　《红楼梦》中有一段最经典的对窗纱的描述,就在刘姥姥第二次来大观园的时候,众人聚集在潇湘馆中:"贾母因见窗上纱的颜色旧了,便和王夫人说道:'这个纱新糊上好看,过了就不翠了。这个院子里头又没有个桃杏树,这竹子已是绿的,再拿这绿纱糊上反不配。我记得咱们先有四五样颜色糊窗的纱呢,明儿给他把这窗上的换了。'"贾母的审美,自然是无可挑剔。翠色摇曳的潇湘馆的窗纱,反倒不能再用同色系的来配了,不然,房屋和植物的空间区分就不够明晰了。"凤姐儿忙道:'昨儿我开库房,看见大板箱里还有好些匹银红蝉翼纱,也有各样折枝花样的,也有流云卍福花样的,也有百蝶穿花花样的,颜色又鲜,纱又轻软,我竟没见过这样的。拿了两匹出来,作两床绵纱被,想来一定是好的。'贾母听了笑道:'呸,人人都说你没有不经过不见过,连这个纱还不认得呢……那个纱,比你们的年纪还大呢。怪不得他认作蝉翼纱……正经名字叫作'软烟罗'……只有四样颜色:一样雨过天晴,一样秋香色,一样松绿的,一样就是银红的。若是做了帐子,糊了窗屉,远远地看着,就似烟雾一样,所以叫作'软烟罗'。那银红的又叫作'霞影纱'。"贾母这一大段,又是"软烟罗",又是"霞影纱",还有各种唐诗宋词般美妙的颜色名称,真是光听形容就足够叫人惊叹了,倘若能见上一面,又该是怎样的精美绝伦呢,令人神思悠远呢?

在西栅,民宿和饭店,是有临水和不临水的区别。住宿的游人,大多喜欢住在邻水的民宿中。早晨,晨曦透过树叶,落下斑驳陆离的树影,洋洋洒洒地在木格窗上留下印记。即便没有树,那木格窗也能露出一股深沉的味道。因终年在水上,兴许也沾染了不少水的灵气,温润而细腻。从窗里头往外望,碧莹莹的河道,柳条随风舞蹈,乌篷船一摇一摇,朝霞满天,飞鸟从一棵树轻灵地飞向另一棵树。

四季在轮转,不变的,是木格子窗,依旧那样,能勾勒出独特的风景,带给人诗意的想象。

枕水人家,水在浅浅的院落中,水也在浅浅的木格窗上。

西栅的弄堂

王炜铭

"弄堂"一词,出自《官场现形记》:"只见这弄堂里面,熙来攘往,毂击肩摩。"上海江浙一带对于里弄的俗称,即是弄堂。在上海,它是由连排的石库门建筑所构成的,与千千万万上海市民的生活密不可分。

每到炎炎夏日,弄堂中便随处可见一些老人搬了竹椅,拿着蒲扇,吃着刚从井里捞上来的西瓜,怡然自得地乘起凉来。许多店家正午闲着没事,便盖着毯子惬意地躺在弄堂,享受着弄堂风的凉爽。夏日的弄堂就是一个独立的世界,热闹、嘈杂,充满各种人情世态的世界。活泼的小孩子们在弄堂里追逐嬉闹,借着又窄又长的弄堂,上蹿下跳,是他们将弄堂热闹的气氛渲染到极至。生活在清末民初的上海人,在童年时代几乎都有与弄堂中的小朋友一起玩游戏的经历。男孩子们玩得火热,有时明明还在弄堂的入口,转眼便滚着铁环跑到了另一头;而女孩子们玩得开心、有趣,不时聊着天,跳着绳。即使到了现在,闲着无事的孩子也会特意撒娇去弄堂里找人玩会儿,享受弄堂的清凉。就算无人能陪,在弄堂里享受着安静与清闲也是一大乐趣。鲁迅在《弄堂生意古今谈》一文中说："这是四五年前，闸北一带弄堂内外叫卖零食的声音，假使当时记录下来，从早到夜，恐怕总可以有二三十样……而且那些口号也真漂亮，不知道他是从'晚明文选'或'晚明小品'里找过词汇呢，还是怎么，实在使我似的初到上海的乡下人，一听就有馋涎欲滴之慨。"弄堂里不只是有玩耍、嬉戏的人们，还有做交易的，卖一些零嘴，小孩嘴馋就会摸出些钱买，零食在这弄堂里也可谓一应俱全。

　　获得茅盾文学奖的王安忆之长篇小说《长恨歌》，开篇第一章就从弄堂开始铺排上海人的生活。对王安忆来说，弄堂是她成长中非常熟悉的地方，也是她对上海众多感知中非常重要的一个意象。"当天黑下来，灯亮起来的时分，这些点和线都是有光的，在那光后面，大片大片的暗，便是上海的弄堂了。那暗看上去几乎是波涛汹涌，几乎要将那几点几线的光推着走似的。"这样的描绘，将弄堂在大城市中的与众不同深入地勾勒了出来。

　　在乌镇的西栅，我第一次对弄堂有了深入的了解。

　　天色已暗，也不知道走到了哪条弄堂，备感幽静。一点微微的光亮从檐角边流下，径直地落在了石板上。一抹月光照在古老的石墙，斑驳的光影洒在了我的身上。黑暗之中，这弄堂里便有了一种厚重，伫立在此的我的心便也多了一种深邃。

　　这就是乌镇夜晚的弄堂。与王安忆笔下的弄堂的波涛汹涌的昏暗，如此不同。

　　白天的弄堂，也是空空荡荡。我一眼看到的便是宏昌弄，此弄原是沈姓大族的居住处，从古墙上青砖黛瓦的脱落就能看到时光的流逝。小巧的石板路通往弄堂深处，楼上的窗口伸出长长短短的晾衣竿，红墙墨瓦之间，承载着乌镇另一面的安静记忆。

　　有人撑着黄色的油纸伞，漫步过这充满青苔绿的弄堂。这一把婆娑的伞，在这样一条寂静的弄堂中，显得突兀又张扬。

　　除此之外，几乎无人问津的弄堂，在乌镇，究竟有什么用呢？乌镇的房屋，大多是砖木结构，或许，一把火就能将这里平静的生活全部打破，因此大家便会在一些房子中间隔出一条窄窄的弄堂来，以免火势蔓延。当然，为了防止着火，乌镇专门设立了"乌镇水龙会"。从清朝开始，每年春秋两季，民间就会自发组织队伍举行活动，"水龙大会"名为比试高低，实则救火演练。现在的西栅老街上，还保留了"乌镇水龙会"的一个小小展馆，里面陈设了许多救火工具。

　　东油车弄，倒是因为在弄口不远处装了个栅栏而略有不同。栅栏的一边探出一枝花，为弄堂增添了几分妩媚。栅栏的木头已经有点腐朽，我想，这样一个木栅栏，能挡住什么呢？这种设在弄堂口的栅栏,原先应该是金属的吧？想起乌镇的从前,绵绵的风雨从弄堂悄悄走过,从春秋的月夜走进明清的秋雨,长长的溪河水静静地流,河道刻痕深深,是乌镇的历史数轴。乌镇这一大片地方,自古为兵家必争之地,常有鼓角齐鸣、刀光剑影。公元前496年,吴王阖闾起兵伐越,越王勾践率兵拼死抵抗。在交界处两军对峙,按兵不动。突然间,越兵前三排的敢死队员齐刷刷拔剑自刎！这一悲壮之举看得吴兵目瞪口呆,越兵乘机发起猛攻,吴王阖闾脚受重伤不治而死。司马迁在《史记》里讲述的这个故事,就是历史上著名的"槜李之战"。"槜李",离乌镇不远。乌镇不仅有国家间的战役,盗匪也经常光顾,人们为了防止盗匪,在水路关口都设了栅栏,因而才留下了东栅西栅南栅北栅之称。又因乌镇是两省交汇之地,官府不管这里的暴乱,导致民不聊生。准参政朱炳如、谢鹏举、萧稟等人讨论出成立一个组织的方案,专缉捕盗贼,兼管水利盐法,受理词讼,革除奸弊,附近府县悉听约束,称浙直分署。王旭烽的《庙小僧高的浙直分署》这样描绘当时的地方长官:"罗侯在乌镇口碑极好,真可说是德才兼备,身体力行,一到乌镇就深入民情。后人是这样评价这位长官的:'询疾苦,访利弊,诞惠泽,肃纪律。'罗侯的威望一下就树立起来了。俗话说兵来将挡、水来土掩。罗侯着手招募骁勇之士,根据乌镇的水乡特点,打造了一批'轻舸突舰'。在这支装备精良、训练有素的队伍打击下,'四凶'很快土崩瓦解。"这一建制一直延续到辛亥革命。现在,浙直分署成了旅游景点。

太平岁月久了,我们很难想象,兵荒马乱、盗匪横行的日子,到底是种怎样的体验。由这弄堂里的小小栅门所联想出去的那些过往历史,离我们太远太远。而细细长长的,曾经充满许多人回忆的弄堂,也一样会离我们的生活越来越远吧?

这样想着,不知不觉地走进了西栅的又一条弄堂——西油车弄。它又被称为周家弄,旧时弄内两侧多周姓人家居住,后来因为开了油坊,就被称为油车弄。油坊是什么呢?我是没见过。查了资料才知道,就是用传统方法加工食用油的地方。油坊一般规模不大,用石器、木材、金属物等器具把油料里的油压榨出来,这样的油口感比较好。现在,这里是一点植物油的香味儿都闻不到了。但是,这样的一些记录,使得我总觉得这里泛着一股温暖。古树直立于弄堂两侧,影子交错相拥,形成一片浓荫,阳光从浓荫的缝隙星星点点地漏下来。脚滑过青砖凹凸不平的纹理,青石板一下子展开了一幅淡雅的水墨画卷。晨曦的烟雾中,脚下的青石板路最美了,百年的磨蚀,透出沧桑之感,石板错落有致,令我想到了欧阳修的书法,杂乱中透着敦厚。落在脚边的蕨类植物甚是可爱,在微弱的阳光下,散发出流光来。微风吹着,它轻轻晃动着,发出簌簌声,好似浅吟低唱。

烟
火

饼香不记岁月长

王得一

　　当我寻着香味走到木板撑起的店铺前时,熙熙攘攘的人群伴着油锅中传出的发泡声,老板的吆喝带着众人此起彼伏的购买声,一缕缕引人回首的香味随风恣意飘散。顺着丝丝冒起的油烟,我望入锅中,锅很大,油很多,火烧得很旺,揉好的面饼在老板娴熟的手法之下展开,不显露一点脾气,油泡开始包裹此刻仍然洁白无瑕的面皮,留下它的印记。像是被施了魔法,被画家绘上金黄的色彩,就那么一分一秒,油泡一下一顿地从边缘渲染开来,直到充满这个面饼。由于褶皱的存在,油色发出的光泽,有深有浅,焦脆金黄的主色之下,有太阳出山前一刻世界还带有月光的深褐,又有星空之下夜晚的光点。同时饼还在膨胀着,被油焐热的心,肆无忌惮地舒展着自己,将所有勾人心神的味道释放出来,一不留神之间,就来到人的心口、嘴边。

　　馅只有萝卜的,没有为什么,算是特色吧。酥脆却带着萝卜的软弱,金黄中包裹着洁白。高温早已让油从外渗入内,不同于大自然花朵的自然馨香,这是一种人间的烟火气,为神仙所无视,却是世人不变的幸福。一个饼不贵,三块,一个饼不大,但够你一饱口福,直到你胸腔中都是满足。

萝卜饼与我们家中包的麦角是极像的,萝卜馅,金色的外皮,带给人温暖。或许自古以来,二者都应该叫饼,用面水合并而成之物,皆可冠以饼之名,二者缘起一家,虽现今名字不同,其色、其味、其馅料带给人的感觉是相近的。但同为饼亦有天差地别,石头饼几月不坏,硬脆供旅途饱腹之用;芸豆饼回味无穷,松软供解馋之用。饼自几千年来就是人们身边不可少的食粮,可以说它是不少人治饿病、治馋病的良药,它承载了由古至今多少人的记忆? 脑海中,每逢回到乡下老家居住,总是伴随着阵阵饼香醒来,打开木门,便有一面泛着油光的葱饼映入眼帘,没有过多的花哨馅料,白面揉得很结实,一张饼,满口咸香,回味无穷,葱绿晶莹,在灿灿的金黄色中若隐若现,越发吊起人的胃口。

饼的品种不只限于原材料、形状、大小,还有馅儿、制作方法的差异。中华美食文化的博大精深,早已衍生出数不尽的方式来满足你的味蕾。制饼方式和其他种类的食物制作方式相比,尤其多种多样。其中最常见的,最广为人知的,便是烧饼。

那只硕大的桶内部,炽红的木炭,腾腾而上的热气,又勾起了多少过路人的心,人们小心翼翼捧起烧饼,仿佛从未品尝过一样,浅浅啃上一口,没有肉,只有霉干菜,不太咸,满嘴满脑挥之不去的香味，是新鲜干菜生长时风带过雨露的味道，是被采摘后暴晒时太阳的味道，我常像一个第一次吃到饼的人一样，被这独特的美食手艺所征服。我看到从这家古老店铺的建成开始，第一位主人，案板醒面的场景，一代一代人不断尝试，不断改进的场景。流传千年的干菜文化，就这样，依托着流传千年的饼文化，再次发扬光大。咬一口饼，喝一口粥，等着霉干菜特殊而带着水乡风味的气息在嘴里扩散开，这是属于乌镇的记忆。

　　早茶集市上有卖霉干菜的，味香色正，老远就能闻到味道，老太太生意挺好。

独步江南湖羊肉

金弋洋

"江南佳丽地,最是温柔乡",北宋南渡,桐乡一时冠盖云集。自先秦时代的华夏认同观念,到宋元时期的民族交流,南北文化在千年的交融中深入骨血无来时路可觅,唯有饮食点滴,尚存中原遗风。

饮食一源,南北迥异,在吃羊肉上便可窥见一斑。北方人喜食山羊肉,嫌湖羊肉膻,桐乡人却嫌山羊肉臊气太重。

桐乡各地吃羊肉,又各具特色,尤以乌镇羊肉独步江南。

乌镇人不喜食膻味肉类,唯有羊肉独占乌镇人心间一隅。湖羊肉烹饪得当,滋味膻绝。羊肉整片烹煮,大块卸肉,豪爽慷慨,依稀能看见北方辽阔草原上的粗犷旷野,颇具一番北人遗韵。

"华人谈吃第一人"唐鲁孙在北平(今北京)时食羊肉必称西口的大尾巴肥羊,羊脂甘腴毫无膻态厚腻的感觉,初言上海红烧湖羊肉羸瘠无膘,且烹饪不当膻腥难入口,后随友至湖州双林,尝到名店整爿烹煮的白烧羊肉,才知双林、乌镇两个码头的羊肉名不虚传。

千年乌镇,四时往来不绝,桐乡食羊肉之风源起于此。

　　百年以来,乌镇人烹制羊肉的手法早已炉火纯青,食羊肉也形成了一套独一无二的体系,令人生羡。

　　选羊唯农家散养尚未怀胎的湖羊,凌晨一两点将整片的羊肉叠放入锅内,辅以佐料,大火开盖煮沸去膻,文火微炖酥烂,炖至邈远的天际洒下黎明的第一缕曙光。乍开锅的红烧羊肉,肉煨得滑香温润,既酥且嫩,湖羊肉独到的香味,也在须臾之间氤氲弥散,浸润了狭长的弄堂和蜿蜒而古韵悠长的老街,为安静的古镇添一分人间烟火气。此刻漫步于此,现世安稳的满足感在心底深处油然而生。

　　烧羊肉的店家也顺带卖面。羊肉与汤浇于白面之上,配上三五小酒,叫上二三知己,岂不美哉。

　　农历七月初一开灶。年清明一过就歇灶。狂热的吃客,在此时日,天天起早一碗红烧羊肉面,从不间断。置身于热腾腾的蒸汽之中,吃上一碗热腾腾的羊肉面,品一番乌镇的饮食文化,浅尝中原遗风。

中式食之味

楼思语

　　我愿做一只猫,慵懒自在,怡然自得,能寻着香味前往目的地,无论晨昏。

　　近日于乌镇游玩,常早起,只为一桌充满诱惑的早茶。一屉小笼,一碗豆浆,一根油条,一块塞满豆沙的定胜糕,是独属于秀美江南的饮食文化。

　　宋应星在《天工开物》中说:"今天下育民人者,稻居什七,而来、牟、黍、稷居什三。"傍田而居的江南人,日出而作,日入而息,只为三餐安定。多数美食,是不同食材的碰撞产生的裂变性奇观、烹调方法的延续,是在千万次再创作之后的结果。若以人情世故来看食材的相逢,有的是惊为天人的天作之合,有的是动容叹惋的相逢邂逅,有的是拍案而起的相见恨晚。五味使菜肴的滋味千变万化,为每个品尝者提供了一次又一次发现新奇的遇见,也为每个中国人在回味自己的境遇时,提供了特殊的表达方式。

　　借自己在《成都小记》的一段话浅感蜀地的滋味:寻一路边馆子,点一碗热气腾腾的红油抄手,薄如纸、细如绸的半透明面皮,裹上红油,撒上辣椒面,油盐酱醋,样样不落,丝丝葱花点缀其间,色泽如调色一般明艳。看着各式各样的车从眼前溜走,摘下被热气熏成雾面的眼镜,取一双木筷,将龙抄手与料混合,夹起一只淋着红油的抄手送入嘴中,入口的先是花椒的麻味儿,再是鲜嫩的皮,一口咬去,汤汁与嫩肉的亲密接触,种种味道充盈在唇齿之间,令人不由接受蜀地的示好。

　　人类活动促成了食物的相聚;食物的离合,又在调动人类的聚散。西方人称作"命运",中国人叫它"缘分"。人们懂得用五味杂陈形容人生,因为懂得味道是每个人心中固守的乡愁。每到年关,中国特有的重大"人类迁徙"——"春运"便成为一大盛况,春运背后,是在外学习务工人的一份念想,回到家乡,吃一顿团圆饭,话一夜家长里短。消弭一年思念的愁就如同用小石子填满整片汪洋,当吃到那一味熟悉的食物,便终于消弭了心头的无边愁苦。进入口中的,是盐的味道,山的味道,风的味道,阳光的味道,也是时间的味道,期盼的味道,人情的味道。这些味道,终究与故土、乡亲、苦楚、坚忍、信念混在一起一齐咽下。才下舌尖,又上心间,让我们分不清哪一种是滋味,哪一种是情怀。

　　明清时期的文人为了逃避现实,于江南地区兴起了特殊的饮食文化,饮食不再是简单的吃喝。清人袁枚在《随园诗话补遗》中,用百姓日常生活之妙悟,来考察诗文之要旨:凡菱笋、鱼虾,从水中采得,过半个时辰,则色味俱变;其为菱笋、鱼虾之形质,依然尚在,而其天则已失矣,谚云:死蛟龙,不若活老鼠。古时有酒灌愁肠,借酒消愁,而在现代化浪潮奔涌的现在,吃也成了避开世俗繁杂的一种良方。没有什么是一顿火锅、一杯奶茶、一场宿醉解决不了的,如果有,那就加倍。食物进入身体,以其重量与体积,将心头的郁烦积压到心底。每个人的成长、相爱、离别、团聚,这些中国式的伦理,都离不开平淡无奇的锅碗瓢盆,一顿饭,有人吃出了幸福,有人吃出了孤独,这大抵便是生活的意义。

"传承"二字,是世界文化继续发展的按键。传承中国文化的不仅仅是唐诗宋词京剧昆曲,也包含着与我们生活相关的每一个细节。衣食住行,无一不体现着中国文化,传承着中华价值。中国人用一双筷子夹起世界文化,点起炉火,围坐烹茶,端起碗筷,闲话家常,每个平凡的人,都在某个瞬间,创造了舌尖上的非凡史诗,做出了自己对于文化传承的贡献。中国继续腾飞,饮食文化成为世代繁衍的味觉密码,也是撰写人类味觉记忆史的通用密码。尽管社会继续奔涌向前,人类生活越来越远离自然,但不变的是一日三餐的坚守,人们能在餐桌的方寸之间,以食品味自然,体会四时轮转,感受时光流逝。

为什么如今的年轻人更多地选择回归乡村、帮扶贫困,或许是因为城市的音浪太强,在水泥森林里越久居,就越向往农耕生活的回归,社会的急速变化,搅动着每个人的内心。

放下笔,已是黄昏,思忖晚间吃食,便就此作罢。

话说乌镇的糕点

楼夏语

　　来水乡乌镇,赏的不仅是景,更要尝西栅大街上的各色美食。说到乌镇的特色小吃,除了葱包烩,大茶饭、姑嫂饼也值得一提。

　　姑嫂饼比棋子大些,油而不腻,香甜可口,酥而不散,甜中带咸,既香又糯。有人会认为,所谓"姑嫂饼",大概便是家庭和睦的妇人共同合作完成的,其实不然,姑嫂饼原先仅仅是一种江南常见的糕点,不怎么出名,江南各类糕点铺里都有售,其中也包括方家的"方天顺"。早在一百多年前,方家的这个夫妻茶食店便在当地极为出名,因着祖上学得一手制作酥糖的好手艺,又因其配方独特,制作精心,味道也是出奇的好,深受当地居民的喜爱。毕竟是经商世家,自是带些私心,谁都不想让自己的独家配方被人抄袭,方家便制定了秘方传儿传媳不传女的家规,因为女儿迟早要嫁人,若传女,祖传秘方不就传到夫家去了?也不知传到了第几代,方家生了一男一女,儿子早已讨了媳妇,女儿尚未出嫁,那父亲当然是继承祖训,将技艺传给儿媳,起初,女儿和哥嫂和睦,日子久了,女儿不免心生嫉恨,想让嫂嫂在众人面前出丑。有一日嫂嫂配好了料,有事离开了厨房,女儿便偷偷溜到了盛放作料的粉缸旁,将放在一旁的一包盐倒了进去,并且搅拌了一下,指望着第二日看嫂嫂的尴尬。第二天天一亮,全家人照常早起开张,顾客买去一尝,便称赞"椒盐味的好吃极了"。方家夫妇听到了这个消息后,一时间竟不知是该哭还是该笑,这一日的椒盐酥糖全都卖光了,倒给他们出了难题:就算做了一辈子酥糖,却也无法做出和之前一模一样的椒盐酥糖啊?女儿见自己"弄拙成巧",本来提着的心便放了下来,打算向父母兄嫂说明事情的真相。晚饭过后她便扑通一声跪在父母面前,请求父母兄嫂原谅,父亲听后,非但不责怪女儿,反而大喜过望,连忙扶起女儿,一家人计议开了,改进了配方,用模子给糕饼定型,也给"新产品"取了一个意味深长的名字——姑嫂饼。第二日"新品"上市,广受人们喜爱,这姑嫂饼也随之在民间传开来。

姑嫂饼吃的不仅仅是其中的味道,更是其中父母兄嫂,以及亲友之间浓浓的深情。后来,人们又以此饼送人,有朋友之间亲密无间、亲戚之间和谐美满之意。

姑嫂饼味美价廉,也成了当时过年时家中必备的糕点,随着姑嫂饼的扩大生产,我国的传统糕饼也从中国传入世界,一些在外漂泊之游子品尝到家乡乌镇的美食,总能有不同于旁人的内心感慨。

　　若是说到浙江传统糕点,除了姑嫂饼,定胜糕也在其中。我印象中的定胜糕,糕上印有"定胜"二字,整体呈淡粉色,形似元宝,可如今见到了真正的定胜糕,却又有些惊异,怎的糕上没有"定胜"二字? 我疑惑道。只见这定胜糕呈米白色,上面零散地撒着几个红绿小点,应是装饰用的罢,这糕点不似其他糕点紧实,有些松散之意,小咬一口,先是米的香、糯,却又无甜味,后又尝到了些许甜味,此二者综合起来不是很甜,却又有些回甘,糕点松软清香,入口甜糯,是当之无愧的传统名点。

　　"定胜"名字的由来,浙江各地有不同的说法,不过都大同小异,传得最多且广的是宋朝韩世忠为鼓舞将士所做。还有一个版本是说,宋朝建炎年间,金人大举进攻中原,一直打到苏州城,当时韩世忠和夫人梁氏听此消息,日夜兼程赶到苏州城。韩家军虽说英勇善战,却也敌不过金兵十万,想要打败金人,必得有一个良策。正当韩世忠朝思暮想之时,当地百姓送来了一种糕点,韩世忠接过一看,这糕点式样倒是别致,是两头大、中间细,像是个"定"字,便伸手取了最上方的一块,一掰,里面有一张纸条,上面写着一句话:"敌营像定榫,头大细腰身,当中一斩断,两头勿成形。"夫人一看,喜出望外,对韩世忠说:"老百姓们真真是知道将军的心事,你看这四句话不就是在告诉我们金军的阵势吗? 老百姓比我们要摸得清、看得明,真是解了将军的心结了。"韩世忠听后,同样也是大喜过望,他高兴地说:"我这几天正在探索敌情,还没摸出什么名堂来,倒是百姓们,竟早已将金贼的阵势弄得清清楚楚,照这样看来,我马上出兵先把金兵'齐腰斩断',让他们首尾不得相顾,大乱阵脚,然后趁机追杀,乱中取胜。"太湖一战,韩家军大获全胜,苏州百姓们送的糕点可算是立了大功,韩世忠便将这糕点取名为"定胜糕"。后来苏州人便常把定胜糕作为赠送亲友的礼物,这个习俗也一直流传到了现在。

听外婆说,她小的时候,家里穷,就算是定胜糕这样一元一个的小食,也只能等过年时用自己一年攒下来的钱买上几个,那时的定胜糕都是一个样子,粉嫩嫩的,上面印着大大的两个字——定胜。商家总是把糕点装在油纸袋里,闻着糕点的甜香,还混合着油纸袋的清香,总是心里痒痒的,可为了省下来慢慢吃,每天只能吃一点点,到最后剩下的全都霉了,只能狠着心倒给流浪猫狗吃。那时,连定胜糕都是奢侈之物,如此"奢侈之物",给当时的孩子们带来了童年的幸福,一块小方糕,成了那时孩子们童年中挥之不去的记忆。现在再给外婆买几包定胜糕,外婆还是乐滋滋地吃了,说虽然现在外面卖的与从前的不一样,但童年时的味道还在。

古镇里热气腾腾的糕点铺,售出的一盒盒糕点,满足了人们的味蕾,回味了童年的欢乐,记录了历史的足迹。

情动盛夏梅子汤

孙紫睿

我本无意入江南,奈何江南入我心。我漫步在青砖石板路上,看着桥下水面摇曳乌篷船,留下圈圈水波。

闲下来在古镇坐坐吧,哪怕只是品上一口乌梅汁。

"一枝春雪冻梅花,满身香雾簇朝霞。"在寒冬,梅花是"雪虐风号愈凛然"的,坚持傲然挺立,勇于绽放。从古至今,我们中华民族出了多少有气节的人物,有许许多多的文人墨客都崇敬梅。阳春三月初始,梅花到了花期,五月漫长的阴雨季节开始,梅子陆陆续续上市了。那些关于梅子的诗句,我们都耳熟能详——"梅子黄时日日晴""梅子熟时栀子香",那些个放在竹篮子里的梅子,个个诱着孩童,哪怕是大人也会愿意吃上几个留酸软齿的梅子。清新之中带酸的青梅时常是我的心头好。可如今只得是超市里卖的那种袋装溜溜梅,再也不蕴含乡土气息了。已经很久很久没有像小时候那样摘梅子、用长竹竿打梅子的快乐了。

从前,奶奶每到盛夏就会摘梅子熬汤,杨梅,黄梅,青梅。熬得最多的是杨梅,因为我和姐姐都爱吃。将去核去蒂的杨梅用少许盐洗干净,加入冰糖,小火慢慢熬啊,如花一般漂亮的杨梅鲜艳欲滴,七分酸三分甜,我们家里人没有不爱吃酸的。它们长得如同玛瑙,"丹粒团成蜜颗甜",在细雨如丝之时,它们便贪婪吮吸着春天的甘露,连狭长的绿叶都在蒸腾的水雾中欢笑。在江南,这大抵是人们最欢喜的场面了。梅子味的晚风吹过,谁能不舒心呢?熬了大概二十分钟,其间加入没过杨梅的矿泉水,等到绯红中带紫的杨梅在小火的熏煮下渗出了汁,这个时候就可以盛出了。一部分放入冰箱,取出之后的冰点杨梅就是清凉整个盛夏的关键,那是记忆深处的美味,装在小小的白瓷碗中,小块的杨梅沉在汤里,细小的碎冰像是给梅子汤穿了件闪亮的小衣服,小嘬一口,那凉爽就轻轻地从喉头直钻到肚子里,酸酸甜甜的,像是盛夏所有的快乐,全都一股脑喝进肚子里了。孩子们咯咯笑着,期待下一次品尝。后来的后来,时过境迁,物是人非。可乐奶茶取代了那些带着纯真气息的果汁——梅子汤。从前的盛满梅汤的一只只玻璃罐也覆上了一层时光给予的灰尘。

　　有的时候,奶奶会偷偷熬了杨梅果酱和梅子汤,还会制作冰点,想给我送上一个惊喜。可我总是以学业繁重、作业太多、上学来不及之类的借口拒绝了。于是,在夏天,我很久没有喝过梅子汁了。

　　炎炎夏日,宜下江南。东方的古韵吸引我们来到乌镇。水韵江南,撑一油纸伞悠然散步。看扁舟过了浮动的夏荷,走过烟火人间。

　　一家家卖着小吃的店铺,吸引着驻足的游人。"暑天之冰,以冰梅汤为最流行。"桥里桥附近有一家梅子小铺,除了卖梅子,还卖其他的果脯。摆在店门口的冰柜里,置着冰镇的乌梅汁、青梅汁,一种熟悉又陌生的感觉扑上心头,悸动起来。装乌梅汁的瓶子挺漂亮的,画了一个捧着乌梅的旗袍女人,优雅风韵从她的眉眼、装扮中自然体现出来。繁体字"乌镇青號"周边就只勾线,画出了小桥流水人家。"小朋友,要来一杯乌梅汁吗?"店员阿姨很热情地问候,我点了点头,买了两杯梅汁、一罐梅子。乌梅汁是橙色和棕色交织的,喝上一口,很是冰爽,酸酸甜甜的,在嘴里留下余味,让人忍不住了,还想再喝一口。真是从前的滋味啊!青梅爽脆,乌梅甜而不腻。乌梅是一味药,作用很多,护阳、降燥、生津,是夏天的好伙伴。

　　仲夏是一个很美好的季节,而"世间情动,不过盛夏白瓷梅子汤,碎冰碰壁叮当响"。

鸭子的 N 种吃法

朱铿谕

在这一眼望不到尽头的西栅大街,我漫无目的地四处张望。古镇里一家又一家的小吃店随处可见,走过一座桥,停在了一家烤鸭店的面前。

去过北京许多次,北京的烤鸭闻名,本地人爱吃,外地人爱吃,就连在冬奥会上都有它的身影。《食珍录》记载,北京烤鸭在古时候已经是皇宫菜肴了。住在北京的酒店里,总能吃到妈妈从胡同里买来的烤鸭,包装盒一打开,一股果香味,外酥里嫩,表面泛着光泽,烤鸭皮是可以完全用筷子剥下来的,就算不吃肉,光吃皮,也很香,皮的颜色像枣子样的红色,很薄,很脆,里面的肉洁白细嫩,很软。北京烤鸭有种独特的吃法——烤鸭蘸酱,放在面饼里,加点黄瓜丝包起来,送进嘴,满嘴的肉、酱,味道很丰满。

在乌镇,也有酱鸭,西栅"早茶客"附近,有个大院子叫酱园,听紫睿说在酱园里面有一家卖酱鸭的店,在离客栈很近的一座桥旁,我与好友心心找到了它。卖酱鸭的老阿姨动作娴熟,整整齐齐地戴着厨师帽,穿着围裙,她问我们要不要切?我们点头,她便拿了一块鸭脖放到菜板上,拿起刀,"嗒嗒嗒"开始切,也是厉害,她可不管鸭脖的骨头有多硬,鸭脖瞬间就被分成好几块了。俗话说:"千做万做,蚀本生意不做。"早在一百多年前,这个古镇老街上,有一家人开熟食小店,姓王,家里卖白斩鸡。一次,店主人同时买回来几十只毛鸡,心里还暗暗盘算着:店里都要卖鸡,这些鸡存在笼里,卖几只杀几只,省得天天收购讨麻烦。他也就这么打算着,谁能料到便宜没好货,买回来的鸡却像是瘟鸡,还没半天呢,都蔫蔫的了。这可把王老板急坏了,他急中生智,趁鸡还活着,赶紧都杀了,用酱和酱油等加以浸制,烧出来的鸡,颜色酱红,味道喷香,结果反倒更受人欢迎,不到三天,酱鸡全卖完。这下可来生意了,老板在原来基础上还加了好多调料配料,色香味俱全,关键是这种酱鸡"六月里不馊,十二月里不冻",可以当作一年四季送客的好礼品。功夫不负有心人,王老板的酱鸡出了名,总得取个号吧。店主人的堂名叫"三槐堂",而过去的吃食店,一般都叫什么斋,于是店主人给店号取为"三珍斋"。如今,三珍斋已有一百七十多年的历史了。

买了酱鸭腿和一个鸭脖回去,一路上忍不住打开袋子,馋了。也就在打开盒子的一刹那,一股子浓郁的酱鸭味儿飘进我的鼻腔,原来气息也会是甜甜的。它充满了我整个鼻腔,也不管手会不会脏,我拿起鸭腿啃了起来。酱鸭的外表颜色更为暗淡,但也更红亮,肉嫩味鲜,酥香不腻,我大口大口地撕咬,酱鸭块外面很有嚼劲,嚼起来有胶质的皮肉之香,幸福塞满了我整个口腔。咬上几口,露出里面白白的肉,嫩脆,是不同的好吃。细细品味,望着剩下的肉,再看向窗外,仿佛思绪回到故乡。在家里,妈妈和奶奶总是联手下厨,做出一道又一道的好菜,我和弟弟妹妹晚上都守在饭桌前,等待母亲和奶奶上菜,奶奶最拿手的是东河肉饼,母亲最拿手的是烤鸭翅,虽然不是经常做,但每次妈妈端上来的时候,总会喊一声:"烤鸭翅来喽!"她笑嘻嘻地把烤鸭翅放到桌上,这时,弟弟妹妹比往常更乖,乖乖地洗手、擦手,只为了让妈妈同意给他们多吃点。"妈妈,妈妈,再给我一个嘛!"弟弟刚吃完一个,就向妈妈要,一旁的妹妹噘着嘴,不满地说:"什么嘛,哥哥已经吃了四个鸭翅了,我……才吃三个……"刚说完,弟弟又嚷嚷起来:"不对,不对,第四个还没吃呢!"我和妈妈爸爸相视一眼,都为这兄妹俩的小吵小闹忍不住哈哈大笑起来。

　　乌镇待了八九天,走遍了整条西栅大街,在西栅大街里,各种美食沿街飘香,总有一种思乡的感觉。好想再尝尝母亲做的烤鸭翅。

　　除了北京烤鸭、乌镇酱鸭、妈妈的烤鸭翅,我的哥哥在小时候就爱吃鸭的头,奶奶为了让我们补充营养,隔三岔五就会带鸭子给我们。记得一次家庭聚会,父亲聊起了哥哥和我小时候的事,其中也就提到了哥哥爱吃鸭头的事,还特地拿出手机,打开相册,找了许久,才找到视频。视频中灯光明亮,我和哥哥坐在一起,我扎着两条小辫子,头发有些凌乱,一旁的哥哥穿着天蓝色围兜,拿着鸭头啃,双手脏兮兮的,吃得满嘴都是。拿起手机拍照的父亲,还有一旁的母亲,真的又好气又好笑,抽两张餐巾纸,跑过去,给哥哥擦嘴。而哥哥也是好笑,双手拿着鸭的嘴,"嘎嘎嘎"地学起鸭叫来,大家哄堂大笑。那次家庭聚会,大家看见视频,也是笑了,哥哥羞得红了脸,捂住嘴,到底没忍住,扑哧一声笑起来,嘴里的饮料也差点喷出来。

在乌镇,除了吃酱鸭腿,还有鸭脖,当好友心心抓了一小块鸭脖放进嘴中时,她瞬间两眼发光,两手握住我双肩使劲摇晃:"这简直是神仙店哟,太好吃了,快,快,我们再去买一次!"有那么好吃吗?我小心拿出一块,每一块都大约呈圆柱形,小拇指那么长,我做出试吃官的样子,放入嘴中,鸭脖刚刚碰到舌头,有些冰凉,轻轻咬着,鸭脖的骨头有些多,也有些碎,舌头在鸭脖中寻找肉,碰到的几乎都是骨头,在骨头中寻找一丝肉的感觉挺好,因为吃到肉的那一刹那,总会有很多幸福感。

如今是高度网络化了的时代,美食在网上也是铺天盖地。从网上搜寻到的啤酒鸭,吸引了我的注意。

　　啤酒鸭,肉质鲜美,原本鲜红的肉,变成了暗灰色,加入酱料,又呈棕红色。制作过程中加入大蒜和生姜,一瓶啤酒倒上,水中开始冒起细小的泡。一股啤酒的味道很明显,若隐若现的绿色葱花,红色辣椒,用勺子慢慢搅拌,热气腾腾,锅上大颗大颗的泡泡冒着奇异的香。吃一口,软烂鲜嫩,真是一道美味的食物。

　　关于鸭子,各地的厨师,还研究出了鸭汤、鸭血、凉拌鸭、盐水鸭等各种美食,各有各的好滋味。祖国的美食文化源远流长。有人说,从心理学的角度看,我们还是一个停留在口欲期的民族。这虽然不是什么褒义的话,但是,口欲是人最基本的欲望,对美食的追求,也应该是人类最本能的追求吧。

叙昌酱园寻酱记

孙紫睿

从前的从前,只是在故事中听过,在江南,有个水乡小镇。远离了城市的喧嚣,沉醉于小桥流水人家,可以游上数月,亦可只是短短的,偷得浮生半日闲。

"枕水江南,梦回乌镇",隐在小镇深处的,是诸多的古老历史。坐游览车行去,早晨很静谧。白墙、木屋、小桥、游船,一砖一瓦,都在岁月的销蚀下,覆上了乌镇独特的印迹。

闲逛下了通安桥,大树下的四个字很耀眼。到了,是叙昌酱园。

酱人陶叙昌先生,于清咸丰九年创立了以自己名字为号的酱园,卖着豆瓣酱、酱油、酱菜,每年春秋,收购邻近村镇的黄豆蚕豆小麦和其他农作物制酱,非常畅销。

坐在酱园边,天光水影,互相映衬着。这个时候,乌篷船来得恰好,船夫摇着橹,小木船晃悠着,缓缓驶过。船中两三人摇着蒲扇,闲谈片刻,有时与岸上人攀谈:"来碗酱鸭面吧!""好啊!"船又从通安桥下过了,两边游鱼都为其让开了道,继续吃起游人的面包,我也喂上几块,只见游鱼群聚了上来,争起食,竞相跃起。

　　酱园里飘来了阵阵酱香,面铺挤满了人,巨大的"鸭"字高挂在屋上,格外瞩目,向人们宣告着此处的美味绝佳。拉开布帘,迎面扑来酱香,墙上挂了这家店曾获得过的许多荣誉,这里是金牌中华老字号,有许多人慕名而来,只为品尝这一口酱。大开口的青花瓷碗,纤长的白色细面条浸泡在橙红色的透明汤汁里,显得柔滑、软嫩。一棵小白菜点缀在面条上,看上去就显得爽口,酱板鸭上裹了一层薄薄的酱,咬一口,细嫩的白色肉丝露了出来,在口中慢慢化开了,面上还淋了棕褐色的酱,姐姐们打趣说:"这应该就是从外面的晒缸中取的吧!"我拿起筷子,蘸了一些来品尝,酱是鲜香的,咸而不腻,甚至带了点甜,小部分豆子和肉丝拌入其中。虽说是在吃面,但因为有了这酱作铺头,整碗面的精华之处,就绝对是酱的醇美了。入口皆是大豆的清香,让人想起豆子刚从田里收上来煮熟了,粉粉的,又有点沙沙的,带着植物特有的清香。含一口在嘴里,仿佛走在了丰收的原野上,四处是谷浪翻腾,大豆或黄或绿的叶子随风摇曳,饱满的豆荚挨挨挤挤,它们欢笑着、嬉闹着。有的豆子憋不住了,想挣裂了豆荚跑出来,在田埂上奔跑、跳跃。这用时光慢慢浸润的酱哦,真令人充满遐想。面条长而筋道,整家店里,静悄悄的,只此起彼伏响着"哧溜、哧溜"的吸面声。我想,每个人都已经陶醉在了一碗酱鸭面的天马行空中了吧。

　　茶余饭后，我们在酱园面店周边闲逛，偶进了一个展厅。这里是崇涵堂，牌匾高挂，其下展着主人收藏的字画，周边摆着木桌椅，轻轻用手擦拭一下，还有星星点点灰尘，我干脆把东西放下，欣赏起来。石柱撑起了房梁，古老的气息，弥漫于此，六角花灯挂在顶上，如今仍隐隐泛着光芒。

　　这制酱啊，说来是十分讲究的，需要手工酿制。首道工序是浸泡，在江南水乡乌镇，水的质量格外好，大豆遇水后像气球充气般慢慢膨胀，喝足了水，体态饱满，可爱，水润，看着就诱人。用清水再次漂洗，让水流过每一颗豆子，每一颗豆子都变得格外通透，露出嫩薄的黄色豆皮外衣。清除泥沙、杂质，挑去坏豆病豆，以严苛的标准，保证大豆质量优秀。

　　幸运留下的豆过关斩将到了蒸煮这一步。煮的时间要适合豆的特性，时间短了，不到火候，时间久了，又煮得太烂，口感就差些了，影响之后的制作。在这些专业制酱师傅的口中，浸泡挑选过的豆子被唤作豆料。豆料需放在一层一层的竹匾蒸笼里蒸熟，因为每一层受热略有不同，所以，蒸料时，要逐层加入豆料，熟时方能上下一致。毕竟"蒸料不匀，则酱必败"。

　　豆料蒸熟后，加入适量面粉和种曲，师傅们则用长柄木耙将其拌匀，称为拌料。翻拌搓揉，豆子像披上了一件大袄，华丽变身，从金黄升级为雪白。豆面充分拌和，让每粒豆都沾上面粉,最后,师傅们把它们均匀装入竹匾,发酵制曲。其间要严格控温,二次翻曲,才能成熟。随着时间的推移,混合豆料表面布满了如雾般的黄绿色菌丝时,曲料就成熟了。豆子成了霉豆,会有曲料特有的香气了。

将曲料倒入缸中,并加入适量盐水,称为落缸。此时缸中的半成品被叫作酱醅。落缸后,就等着进入漫长的翻晒期。一缸酱,得经过三十六个月的晒露。

两百多个大大小小的酱缸,使整个院落有一种浓重的墨色氤氲的味道。四周围了白色的墙,就好像一幅酱园的长卷。长卷徐徐展开,一个个戴着圆锥斗笠的酱缸,活像整整齐齐、排排坐着的胖娃娃,这是为了防止雨水的入侵而置。头顶的斗笠下还铺上了一层白而细密的纱布,一旁的店员介绍,这是应对蚊虫被酱香迷醉的好办法。如果它们先爬进缸里去一睹为快,那么这一缸酱恐怕就难以问世了。

在一层又一层的保护下,你无法想象缸里有着怎样翻天覆地的变化。阳光,雨露,调和大豆,天然发酵,古法酿造。为了豆酱有咸香、醇厚、绵顺的丰富口感,师傅们要用比一人还长的木耙,时不时地将缸中的豆酱翻松,让它们均匀享受日光浴。三年间,经常地翻醅,还得在三伏天晒,此时的日头最为毒辣。那些酱醅于是就在晒场上敞开怀抱迎接夏日的阳光,努力释放积攒已久的咸香。原来我碗里的这每一勺豆酱,都得经过那么繁复的一道道工序,经过那么长时光与汗水的浸润。

说实话,在中国人的餐桌上,酱并不是什么特别的美味佳肴,全国各地,有很多酱坊。我平时也常吃酱。炸酱面、酱板鸭,都是我爱的美味。我尤爱吃炒面,鲜美的酱,裹在一根根面条上,既给面提了色,味道也更鲜,色香味俱全。这里的酱味道到底如何,只要看看顾客的反应,就能有所知晓了。我坐在门边,总是听见人们一声声的赞叹,看见他们脸上挂着满足的微笑,接着,嘴里轻轻弹出一个浮着葱油、漾着酱香的饱嗝。

百年的老配方和精心的制作,让这里的豆酱,鲜香浓郁,鲜美适口。

如此鲜美的酱,其制法能流传至今,并非一帆风顺的事。

咸丰十九年至同治三年间,太平军与清军交战于乌镇,刚创建不久的酱园在战火影响下千疮百孔,陶叙昌心力交瘁,这是人之常情,哪有人看到自己用毕生心血打造的作品就此毁灭会不心疼的呢?他无法接受,于是撇下两个未成年的孩子,撒手西归。后来,他的后人接手了酱园,酱园又经历了一次次社会变革,在一系列经济浪潮的冲击下,一路艰辛走来,它被一代代继承人倾力拯救,努力经营,随着乌镇西栅景区的开放,老作坊终于重见天日,发展也迎来了希望。

这才有了我们现在能寻访的叙昌酱园。

　　天光洒进了崇涵堂,照着小枫树和一棵不知名的大树,正是盛夏,枫叶却红了许多,清澈的鸟叫声声入耳,鸟从天边掠过,扑打着翅膀。厅堂后半部分展出了制酱的工具:磨芝麻辣椒的石磨;容得下三五人的木水桶;蒸豆料及大米的木甑;贮藏酒、酱的大陶坛;舀水及灌装酱油的木勺;20世纪五六十年代用以提高劳动效率的实心轮平板推车,车轴已经生锈;捣盐水、翻酱醅用的木耙;挑水、酱以及糟常用的担桶;除去黄豆杂质的风车,现在依旧能转;榨酱油和黄酒的木榨机,足足有两个我一般高。角落里还有一个柜台,曾经这里人来人往,生意红火。各种陶罐,仍摆在木柜上,让人脑海中不禁浮现出画面:来往商贩络绎不绝,老板正与客商讲价,工人们在搬运货料。就是这样一个酱园,在同行中,无论品质还是服务,都是第一家。百年老作坊,以悠悠酱香,诉说她的百年沧桑。

　　时间不知不觉过去了很久,我漫步回到晒场,看着那一缸缸或大或小或高或矮的酱缸,戴着一顶顶稚拙可爱的斗笠,忍不住想掀开盖子,嗅嗅它们体内的鲜香。太阳下,它们静静地站着,大暑的阳光,是它们最美好的礼物,大暑的节气,是它们最享受的时光。我真想也变成那一缸酱,默默地站着,努力着,蜕变着,变成更好的自己。

　　我不再看淡那一罐罐豆酱了。

　　7月22日,我在乌镇叙昌酱园寻酱。

解馋

赵蕴桦

　　馋，我不知道这个字该怎么形容，只是漫无目的地走在大街上时，突然嗅到一丝鲜香，一丝一缕地钻入鼻腔来，就像有千万只小手在抓在挠，轻轻易易地突破我苦心准备的防线，引着我来到各种小摊前，这吃货性子也不知何时能改，往飘着肉香的小吃摊前一站，所有的优雅和矜持都抛到九霄云外了。肚子里头的馋虫一出来，面前的哪怕是毒药，只要味道绝佳，也让人甘之若饴。梁实秋就有这样的一位亲戚，一日傍晚，大风雪，老头子缩手缩脚偎在房间里的小煤炉边取暖，他的儿子傍晚回家，路上顺路买了四只鸭梨，一只先给父亲，父亲得了梨，大喜，当即啃了半只，随后竟披衣戴帽，拿着一只小碗冲出了门，在风雪中不见了人影。他儿子不明所以，只听见大门哐啷一声，待要追赶，却已不及。整整过了一个多小时，老头子才托着小碗回来，原来他冒着风雪出门，只为吃得一碗榅桲拌梨丝。从前的酒席上，一上来，就是四干、四鲜、四蜜饯。饭后一盘榅桲拌梨丝却也是别有风味。这老头子吃上半个梨，突然想起此味，乃不惜于风雪之中，奔走一小时，这就是馋，不求果腹，就是满足内心熊熊燃烧的吃的欲望。上天生人，在他嘴中安放了一条舌，舌上偏偏又生许多味蕾，教人又怎能抵抗这一"馋"字的诱惑？

走在古镇的街道上，总是飘着各种各样的鲜香，充斥着我的鼻腔，叫卖声、欢笑声不绝于耳，我费力地在人潮中挤来挤去，回过神来时，已站在这家店的门口。店不大，却排着一长串的人。人最馋的时候，就是在想吃某样东西而又不可得的那一段时间，明明已经吃饱了饭，喝足了水，可眼睁睁地看着前面攒动的人头，馋虫又上来了，那种不能立刻大快朵颐的馋。香味一阵阵传过来，想吃却吃不到，在这样的环境下，我的馋更是火上浇油，盯着别人手里的纸包直流口水，薄薄一层纸，浸了油，在阳光下闪着油亮亮的光。喉头像是有馋虫在搔抓，只好干咽唾液。好不容易到了窗口，只见系着围裙的老太太用大铁勺翻炒着萝卜丝饼，滋滋之声不绝于耳，窗子上腾起一片薄薄的水雾，萝卜的鲜香从小洞里直飘出来。一大口咬下去，香气四溢，酥脆中带着萝卜丝特有的清香绵甜，掺着星星点点的葱花咬开来，油而不腻，那味道正是江南秋冬时节的好滋味。

再往前走，是葱包烩的店面，小小一间屋子临水而建，挂满了绿油油的爬山虎，迎风招展的一面锦旗，"舌尖葱包烩"五个大字远远就能见到。记得小时候去上学，校门口一个小吃摊贩就卖葱包烩，饼的焦黄，葱的翠绿，加上浓郁的酱香，真可谓"人间有味是清欢"。相传,岳飞被奸臣秦桧陷害杀死于杭州的风波亭,杭州城内的老百姓莫不痛心疾首。有一位面点师傅用面粉捏成两个象征秦桧夫妻的小面人,把它们扭在一起丢进油锅中炸制,然后将它与小葱裹在春饼内进行压烤,以解心头之恨,并称其为"油炸桧儿",周边百姓听闻后争相效仿,为避秦桧起疑,老百姓就把"桧"字改成了"烩",这就是葱包烩的由来。让人着迷的乌镇气息,市井,烟火,风俗,人情,就都藏在葱包烩的滋滋热气中了。小时候零花钱不多,葱包烩六元一个。只好省了两天的钱,饿一天,明天再一尝异味。所付代价大,却也无法常吃,饼皮很薄,油条香脆,再蘸上甜面酱,满口游走的香气从舌尖到心房,幸福得浑身都在战栗。如今不费吹灰之力就拿到一个,倒浅尝辄止,不复当年之馋。虽然如今葱包烩在餐馆酒店都能吃到,甚至更加高端,但我还是更喜欢在路边摊上吃。怀旧老人,时尚少年,尝鲜孩童,一份满含情怀的葱包烩,几十年不变味的小店食摊,浸润在乌镇骨子里的小吃,不知留住了多少人的童年。

　　还有春卷,样子都长长方方,内里的花样却让人眼花缭乱。金黄的外皮,若隐若现透出的新绿,一口下去,酥脆又柔软。荠菜和鲜肉的味道轻拂味蕾,什么山珍海味,大概便是如此这般。关于春卷起源的传说停留在清朝,说有一个金门人受皇帝刁难要用两手同时书写,其妻见丈夫没法拿筷子吃饭,便用面皮裹菜直接塞入他口中,遂成"春卷"。《岁时广记》于元初成书,已经出现"春饼"之谓,所以春卷当然不可能直到清朝才被人"偶然"发明。中国的确有不少传统美食都是被"偶然"发明的,但从春卷在不同年代的不同名称、形制来看,其发展一定经历了细水长流的漫长演变,而非一时的灵光乍现。

在乌镇

在乌镇

楼思语

一

七月的暖风吹到了江南,像老朋友,像旧时候。水流似一个精力充沛的小娃娃,不舍昼夜地穿行在乌镇的角落,偶然碰到岸边崎岖石块,荡起涟漪。

清晨的乌镇,没有喧嚣,只有阳光与青石板的窃窃私语。从不愿让我离开的床上坐起,揭开窗帘,问候我的不是清脆的蝉鸣,而是碧波荡漾的水面,映衬着漫无边际的天。

踏上青石板路,不论是雨水浸润后的潮湿,还是阳光照耀下的沧桑感,这条贯穿东西南北的路,凭着自己的个性,成了乌镇的脉络。抬眼望去,蓝色的天与黑瓦白墙的交织,颇似一幅别开生面的水墨画。两旁的商铺还未睡醒,而商铺楼上的居民已推开窗棂,开启了新的一天。

漫步奔向早茶客,这大概是乌镇清晨最有市井烟火气的地方。老一辈的田地耕作者将自己的劳动成果铺在一旁,吆喝起来,许是为了谋生,许是图个热闹。广厦千间,夜眠仅需六尺;家财万贯,日食不过三餐。一碗馄饨,满足了口腹之欲，温暖了夜间的哀愁；一只烧饼，霉干菜与鲜肉、黑芝麻的碰撞，是味蕾的欣喜，是鼻尖的满足；一屉小笼，裹上醋与辣椒，一口咬下，汤汁四溅，烫了自己，却将千百种味道融于一体；三只烧卖，面皮包不住里面活跃的乌米，乌米探出头来，观望纷繁的世界。常言道："靠山吃山，靠海吃海。"每个地域吃食的特色，不仅是一种因地制宜的变通，更是顺应自然的中国式生存之道。从古到今，小农经济，重农抑商，农耕文明是属于中国式的传承，农耕民族将对土地的眷恋和对上天的景仰密切系于一心。一位作家这样描述中国人淳朴的生命观：他们在埋头种地和低头吃饭时，总不会忘记抬头看一看天。早茶客，是属于乌镇的传承。

　　不断攀升的温度热情地欢迎着游玩的人们，走过万兴桥，夹杂着各种方言的风拂过耳畔，打破了宁静。漫无目的地游荡，偶觅得两种蓝色，一份属于天空，一份属于染料。竹竿修长，布缕飘扬，今再见蓝印花布，只觉物是人非，我已不再是曾经那个小童，我们也终究回不到十年前的岁月。

　　戏曲悠扬，婉转的唱腔似穿越了古今，浮在了乌镇的天空中。听水问茶，偷一缕时光，品一份闲情，喝一盏新茶，与好友闲话。不知是茶催人愁，还是问茶人心中早已哀愁遍地，此时应无言，晴日赏水面皱起的波光粼粼，寻躲在阴凉处乘凉的鱼群。光阴随着升起的茶香飘远，竟忆起温庭筠的

《忆江南》："过尽千帆皆不是,斜晖默默水悠悠,肠断白蘋洲。"此时此情此景,便皆可说通了。

二

寻着香味一路前行,作陪的还有隐匿在阳光下的蜘蛛网,游历多年不怕生的麻雀,先与叙昌酱园打了照面。几十只酱缸铺陈在园中,上面盖有斗笠,错落有致,经过风餐露宿,才能摆上食客的桌面。穿过酱园,酱的味道越发浓郁,但又不全然是酱的香味,搭配着肉,使气味更加饱满。酱鸭面,碗底沉着一摞素面,劲道虽没手擀拉面强,但也算是搭配得当,三块腌制入味的酱鸭,色泽鲜亮,一大勺黄豆酱点缀中间,旁卧了根青菜,明暗对比,好不诱人。拿起筷子,将酱拌匀,渗透到面与面之间,加点香醋与明艳的辣椒油,使色香味都更加具体。夹起一坨,嘴迫不及待地自动凑上,唇齿间洋溢的是酱鸭肉味道的充盈与素面的清爽,感受乌镇的独家记忆。再夹起一块裹满酱汁的嫩豆腐,放入口中,酱汁中的些许辣味与豆腐的鲜嫩交融,撒于其中的葱花的香味不仅满溢在唇齿之间,还一路跑到了鼻尖。最后是凉菜酱鸡,酱鸡与酱鸭的浓郁又有所不同,没有了酱鸭的三分肥美,但却比酱鸭更甚,是一份略带凉意的干香。

午后的暑气更盛,是到了连走路都吃力的程度。如同跟太阳躲猫猫一般，一直躲着太阳前行，偶然抬眼，寻得一处屋檐的中间有一扇透明窗子，是得以窥见天光的。观晴雨日夜，四时四季，并不知其准确用途，只觉是在连续不断的黑瓦白墙中寻一份自由。

黄昏了，悠悠地撞进一户酒家。陶罐中荡漾着的三白酒，在还未见识其浓烈的性格之前，自己曾放下豪言，殊不知在这场战役中输得一败涂地。扯开木瓶塞，干烈的气息冲进鼻腔，五十五度的白酒如暖风，熏得游人醉。拿两只杯盏，寻一舒服姿势，小酌几杯。酒入口，不知天高地厚地刺激着每个味蕾，舌头抵挡不住它的攻击，直直向喉咙冲去。酒入喉，如同北大西洋暖流与寒流交汇，以其温暖之势，留下余韵与回甘。酒入胃，如同往火焰山中加入柴薪，薪不尽，火不灭，此言得之。几杯下肚，只觉酒像一盆寒水，浇灭了心中的惆怅。此时的我，眉梢眼角已染上绯红，酒不醉人人自醉，只叹诗酒趁华年。

三

晨昏交替，落日是太阳留给天空的温柔。来乌镇已数日，每日都期待着黄昏，携好友同行，有时执手漫步，有时小步快走，生怕错过一点美好。时常想云朵今日偷喝了几杯放在屋顶的乌酒，脸颊染上的又是何种红。从水阁中探出头，窥探天空的色泽,似一首交响乐,有序曲有尾声。落日的温柔从一隅起,利用阳光的余热,渲染云层,借着天光,晕开铺满整片天际,这是独属于黄昏的序曲。黄昏开始变调,转向热烈而又生动的乐章。云层褪去,独留下万里浪漫。面对炽热的晚霞,游人驻足,记录美好,毫无私心地分享。总觉自然是万物归一的最后形态,如人一般:有时大方地宣泄自己的脾气,恨私心有所不尽;有时又只希望是独家记忆,不愿被人注意。人性如同光影,影随光动,人随景变。长辈常说要有眼力见,什么场合说什么话做什么事,我只觉太累,只愿潇洒一生。说实话,我不理解人性,也不愿深入理解到底何种情形才是过好一生的终极答案,大抵只有归西时才能言。所以更欣赏自私一面的自然,不用洞察,不必担心,随心所欲,洒脱自得。心中想完此再往远处看时,只剩下了绚烂之后的沉寂,川野俱晚,念人间岁岁长安。

华灯初上,满目星河,乌镇的夜,有属于水乡的喧闹与繁华。微风徐徐,吹动了一池水,吹响了白莲塔飞檐翘角下的铜铃。悠悠然漫步,借微弱月光,与她于灯下以影子交流,倒也不胜惬意。踏入乌酒铺子,问店家讨小杯共饮,只一口,却也尝尽余欢。

橹声仍咿呀,船夫的汗巾早已湿透,承载着的是对生活的交代,对岁月的虔诚。泛舟水上,景随船动,情随景动,是摇摇晃晃的悠闲,船行之处,留下满面光辉。听船夫语,过去的乌镇人家,孩童于窗头一跃,便潜入水中,与鱼虾嬉闹。大人们或三五成群,或隔江对望,闲话家常,手中或洗菜淘米,或捣衣阵阵。从前的流水充满甜滋味,因为苦楚会随流水逝去,同汪曾祺先生言:家人闲坐,灯火可亲。行至各个桥下,景行、万兴、定升、晴耕、雨读、迁善,每个桥名背后都是古人对于家国的期盼。桥便如此成了江南文化乃至中华文化的载体,江南文化的阴柔贯穿于每个水乡的细节中,桥栏杆和房屋门楣、窗户上的雕刻,都无不散发着欲望的力量。地域文化终究只是一方水土养一方人,在中国九百六十万平方公里有千千万万种文化,亦有千千万万种文化的传承。若要深究,是地域文化造就了中华文化,可是中华文化为地域文化的发展扎下了根基。江南人的文化审美是"垆边人似月,皓腕凝霜雪"是"一叶轻舟,双桨鸿惊",这使得那种"风自长城落,天连大漠宽"的意象被舍弃在另一个维度上。临水,合欢飘落,飘飘然入水中,终被船行过处的涟漪推至一旁,只可惜了这"万枝香袅红丝拂"的景致无人识。船行至码头,再遇白莲塔,已是灯火环绕。

晨光里的乌镇

孙紫睿

"早!"在打更人的呼唤声中,江南夏日新一天开始了。

青绿色的布窗帘被掀开一角,这里的阳光照亮了我的眼,肆意生长的爬山虎钻进了窗。一看时间,现在正是早上七点,我的头脑里闪过一个想法,吃早茶去!

从床上爬起,晓风吹得很柔和,清晨一片寂寥。太阳不是很烈,没有三四十度的酷热,仿佛是在春天,凉爽得很。大街上空空荡荡的,不同于晚些时候的忙碌,除了客栈陆陆续续地开始做着开门的准备,就只有早茶客热热闹闹的。人们坐上了游览车,向早茶客的方向开去。

我们闯进了喧嚣的水上集市,摆地摊的人们热情叫卖着土特产,喷香的霉干菜和鲜甜的水果,散发健康气息的时令蔬菜,可爱的布头娃娃,无不使人一步三回头,流连忘返。

风扬着酒旗,人们身着各色衣裳,我们艳丽的馆服格外显眼。

一家家小店外都排起了队,人们脸上洋溢着笑容,端着他们的早点,无论是咸豆腐脑、甜豆浆、麻球、小笼包、生煎包,都那么诱人。金黄的油滋滋滋地煎烤着油条,麻球上的白芝麻,轻轻闻上一口真是喷香。老板娘在豆浆里放了一大勺白糖,这豆浆喝起来一定很甜吧!角落里放置着自助茶水,是菊花茶,毕竟早茶早茶,怎么能没有茶呢?小笼包薄嫩的皮被牙齿咬开,鲜热的汁水流进了我的嘴巴。肉非常紧致,咬上一口,猪肉的鲜香不断涌进我的喉咙。水上集市里,还有许许多多这样的店铺,卖着各种各样的东西。有的摊贩在乌篷船上售卖着物品。真是一条神奇的水上贸易之路啊。

顺着水波传来了一阵阵悠扬的绵长的歌声。是对岸的水上戏台上传来的,这个时候对岸正在唱着折子戏《梁祝十八相送》。梁山伯这个呆头鹅,竟然看不出祝英台对他的暗示:"你看这井底两个影,一男一女笑盈盈。""愚兄明明是男子汉,你为何将我比女人?"……唱戏人穿着戏服,一人饰演两个角色,那悠扬的配乐蜿蜒着从对岸传到我们耳朵里来。

有人和我们一样,靠着水边的栏杆看戏听戏,戏曲凭借着一长串的唱词,唱出了个人的心事。

在水乡乌镇怎么能不坐一次船呢?我们先是上了大画舫。这画舫能容下五十个人。透过窗子看见周边一排排的小木船以及船开过后,它们留下的水波。坐大船没有小船那样悠闲惬意。我们又坐上了小木船,摇橹的船夫是老居民,他对这里的了解非常深刻。建在水上的水阁,底下满是小鱼,藏在这里的元宝湖上。

　　船开动了,我们过了一座又一座桥,每一座桥都盖着一张旧日的面纱,有着一段不为人知的历史。船上的蒲扇免费提供,我们也学着本地人的样子,轻轻摇起来。刚刚擦肩而过一艘渔船,船上两只鹈鹕披着黑色的羽毛大衣,高昂着头,看那黄色的尖嘴那么厉害,它们抓鱼一定是一把好手吧!

水乡落日窗前韵,
乌镇巷弄月下情

朱铿谕

　　每个人心中都会有属于自己的古镇情怀,流水江南,烟笼人家。乌镇的小生活普普通通,悠悠闲闲,住在这,仿佛便不想走了。

　　午后,走出客栈,面前就是西栅大街,烈日炙烤着整个乌镇,街上投出房屋的影子,走在影下,甚是阴凉。从客栈向右慢走,几面白墙上,爬满了爬山虎,茂密得甚至想要把整座墙吞并。乌镇确是古色古香。各店的各色招牌,或用旗幡挑了,悬挂在屋旁;或用牌匾刻了,嵌在门户上;卖竹编的店,干脆用竹编的箩写了店名,一个一个钉在低垂的屋檐下……街灯隔十余步就是一盏。有纸糊的灯笼,有民国范儿的玻璃盏,有和房子融为一体的小小的线灯。与招牌一般,各有各的风味,各自站在该站的地方,与周边环境,相得益彰。

　　甜品店、奶茶店,总会有四五位客人在店中。午时一过,正是一天中温度最高的时候,人们在幽寂的空间,品一壶香茶,吃一点小食,看向窗外如画的美景,总是莫名地有种亲切感、幸福感,好想把这里的一切都一起打包带回家。

　　再往前去，两边高大建筑物已经完全遮蔽住了阳光，街上一半阴一半晴，走在阴处，因为水就在房子另一头的缘故吧，微风袭来，也挺凉快。街上人挺少，鸟儿双脚啪嗒啪嗒踏着地面，头时不时转一转，似乎在寻觅食物。三三两两的行人随意走着。小孩淘气，穿着长到脚踝的汉服，两条带子直直地都快坠到地上，一摇一晃。"小脚丫们"在街上跑着，你追我赶，一人手里举着一架风车，咯咯地欢笑。街旁的一条条小巷，比街要更窄，两旁的墙壁业已斑驳，露出一块块砖石的模糊面目。一道道缝隙里，长满了青苔。修长的蕨类探着细细尖尖的脑袋，它们有多久没洗头了呢？脑袋上落了一层又一层的灰尘。站在一条小弄堂里，朝墙面大声喊，耳边传来嗡嗡的弹回来的声音。抬头，天空成了一条线，云朵飘浮，一道亮丽特殊的风景线。有街，有巷，有弄，乌镇还有许多大大小小的码头埠头，总有人坐在石板上休息，有人在旁边的美人靠上聊天，埠头外就是乌镇的西市河。正所谓街旁是水，水旁是街。走了许久，隐约间看到"早茶客"，西市大街走到头啦。

　　在乌镇，一半诗意，一半烟火；一家店面，一段故事。我真喜欢静静地走在这条老街上的感觉。

　　不过，既然来了乌镇，船总是要坐的。来古镇许多天，头一次坐上船，船夫吆喝一声，松了绳子，开始划船。船不大，只坐八人,船夫穿着白大褂,腰间敞开,用蓝印花布似的布料穿插其中,想必是为了更凉快吧。小船只有一个船夫,看起来岁数不小,满下巴都长满胡子,看着怪扎人的。船夫的手一前一后摆动船桨,船桨很长,足足四五米,船桨进入水的那部分呈三角形。桨在水中,不是没有规律的,碧绿色的河里,模糊中,船桨呈蝴蝶状来回摆动。船夫边摇边给我们讲解,水中鱼儿很多,大多都聚在一起,是在开茶话会吧。船桨摇晃,船也摇晃,我晃晃悠悠,有些晕了,双手按压着太阳穴,看向对面。对面也有一艘船,船上的小姐姐穿着汉服,坐于船头,青色的质朴长裙,拖到甲板上,船舱里一位小哥哥正在拍照,小姐姐纤细的手拿着雨伞,斜着坐,微微低着头,沉默不语。虽说只是拍照,但小姐姐似乎进入了角色,仿佛在那一瞬间,雨点落至水面,水面泛起层层涟漪。水中再无鱼儿,河上蒙上一层雾。小姐姐的身影恍惚,她默默看着水面,水面上仿佛就倒映出了心爱之人的模样:英俊的脸庞,深蓝的衣裳。小姐姐伸手想抚摸,换来的却是暖暖的水,是他随着水的流动、波纹的散去,渐行渐远。小姐姐的眼中落寞,自此无光,她在等他回头啊!我盯着对面的船,看得入了神,江南水乡,漂亮的女子多了去了,船中,桥上,水旁,撑一把油纸伞,摇一把芭蕉扇,婉约,柔美,亭亭玉立。江南女子,绝对是水乡诗情画意的一部分。

乘船上岸，落日，一步步踏上台阶，这是一座木制的桥呢，或许它年纪太大了吧，踩在上面吱呀吱呀的。桥面很长，像长廊一样，可能正是因为这样，所以它才叫逢缘廊桥。在桥上，听着蝉鸣，望着河面。远处店中的灯火早已亮起，橙黄，明亮。灯光洒进碧波中，揉碎了灯火。灯光，晃了；碧波，荡漾。鸟儿匆匆，急着回家，人们的脚步也匆匆地在桥上来来去去，拉着小孩，提着公文包，赶着回家吃饭，休息。

落日了呀，余晖透过桥上的圆拱门，洒到墙上，半圆形的拱门上每块不规则的图形里都是一幅江南画。坐了下来，抱着双膝，抬头，树上的绿意更深了，枝繁叶茂。树叶肆意生长，压得枝干低得都快贴近水面了。晚霞映在脸上，面容上泛着一丝橙光，可惜不是白居易，写不出"日出江花红胜火，春来江水绿如蓝"的佳句，也不是晏几道，吟不出"梦入江南烟水路。行尽江南，不与离人遇"的宋词，但懂得那烟雨江南的古香古色，懂得在茫茫世界各地中，还有一处水乡江南的美，如此撩动人心。

起身，才偶然发现，廊桥上有许多镂空的雕梁画栋：有那老爷爷拄拐杖，仙鹤飞过，童子手捧仙桃；有那百姓瞻望龙，莫非是望子成龙；有那仙女千里迢迢，拖着长袖寻夫去了……来回踱步，蓦然回首，船缓缓从桥下驶出，船头，船身，再到船尾，船上还有女子立于船头，摇动团扇，侧脸望向码头,抿嘴笑。码头旁,石椅上,两只灰猫懒洋洋趴着,甚是生动。

它们互相梳理毛发,互相嬉戏,伸出猫爪打闹,其中一只累了,伸直前腿,拉直后腿,两三秒过后,躺在石板下小憩了。另一只猫不知从哪走来,探着头摸摸它,它也似乎感觉到了,抬起头,与这只猫碰碰头,贴贴脸,一副亲热的样子。殊不知是密友,还是一对小情侣。有人过来喂食,原来猫也有专属饭碗,舀了一勺水,放了猫粮,这猫也怕人,人走后,这猫才敢出来,用那小如指甲盖的舌头,舔着猫粮。后面白墙黑瓦,一根根树枝探出头来,真是"绿意盎然关不住,一片青碧出墙来"。

来往的船只很多,时不时交错起来,船与船相互打个招呼,又远去了。天要暗了,远处隐约传来古典的流行乐曲。舒缓的音乐,船尾河水的波动,缓缓散去的余晖,乌镇的黄昏如斯,真叫人沉醉。

往客栈的方向走,仁安桥上,些许人在拍照,猛然抬头,夕阳西下,远处一根根树枝,没有叶子,没有花,只是高高地矗立在那。橙红的太阳被藏于树的背后,一眨眼便落下好多,"夕阳无限好,只是近黄昏",周边的云橙黄橙黄的,倒映在碧波之上。光,热烈,使得树枝黑得发暗,昏鸦飞过,掠过水面,桥上挤满了人,都在观望着这一场面,人们举着照相机、手机，纷纷想要拍下这绝美的一幕。可惜，相机再好，恐怕也是难以如实拍下这震撼人心的美的。

下了桥，此时早已是晚上，明月当空，星光灿烂。来到离客栈不远的露天电影院，算不上院吧，只是一个小小的广场。一台古老的小小放映机放在广场的中央，放映机的输出口闪着亮光。一位老爷爷搬着小板凳，坐在放映机旁，大概他就是放映机的主人，头发花白，穿着白背心，拿着一把大蒲扇，一把年纪了，整天待在这儿看着古老的电影，也不嫌烦，乐呵呵地笑着。放映机的前面是一堵巨大的白墙，放映机投影到白墙上，有人前来观看，或者站着，或者坐着。我独自一人坐在长椅上，跟着电影中的情节一起共度乌镇的夜晚。电影放完，我走到街上，还有好多人在逛，三五成群。乌镇的夜晚，才是人山人海、热闹非凡的时候。

约莫八九点的样子吧，我终于回到了客栈。房间里的一扇小窗外，藤蔓生长，都快爬进窗里来了，虽说是晚上，勤劳的蜜蜂还依旧采着蜜。晚风徐过，藤蔓摇曳，窗外就是一条小河，河对岸就是一条长廊，一条条柳叶垂下来。对面灯光亮起了，华丽璀璨，河中小船驶过，一切如此安静、舒适、平缓。

这就是江南乌镇的晚上，小桥流水人家，我不再管今夕何夕，不再想明日何处。

最爱江南行不足，
尽拾烟火飞光阴

金小琰

日初

到水上集市做个早茶客。临水石板上错落摆布着大小竹篮子和飞着毛边的袋子，毛茸茸的丝瓜，甜粉粉的蜜桃，清冷的莲蓬……滚着躺着报团垒着。"霉干菜，很香的！真的很香的！"小贩的笑仿佛已经秤起斤两的自信，笑纹都揉成了团，新鲜的果蔬倒卖得随性了。

路过煎饼摊子，今天叫了大馄饨，比昨日的小馄饨丰腴许多，配上在乌镇桌桌都有的玫瑰醋来囫囵吞吃。一杯白菊茶，晨风一样的温度，正是倾盖如故。汤包裹沾辣酱，绽开汤汁满口。人不算多的清晨，人墙不碍烧饼香。待到能看见老板的身影，前一轮已尽。面团熟稔地摊开肚皮，方便披刷油衣，芝麻也乖乖洒落。不惧高热的大手把面饼贴进锅里，烧饼外衣渐变焦黄酥脆，终赶了趟儿，椒盐、霉干菜、芝麻，灶气十足。《乌青镇志》里烧香时才有的烧香烧饼，为什么能摆脱时限，流入四时寻常？不光是面粉、芝麻、霉干菜等基础材料易于保存,民间生发且广为流传的美食,总是有着分享的魔力。抬头低头,守望而相助,东家果入西家篮里,数千年来血缘关系纽连的亲切,在流水息息相关的水乡,养一方热情温和的人。

曰上

早饭毕,朝对面垂着靛蓝色窗帘的茶楼走去。松石色的行楷洋洋洒洒地将"听水问茶"入木,下接一块"休息中"。饱食后自是吃不下这一闭门羹,于是过桥,与水上集市的字幡致意。十多年前于这桥上画听水问茶楼,而今也且忆且等,颇幸运地躲过了灼灼初阳。行人往往来来,散散闲闲,当一刻墙上瓦、桥上砖,也凝视现在,也穿越岁岁年年。

喜见对面蓝布翻动,窗也支起,等不及去做唤醒这间茶楼的早客。纸浆纸、毛笔字,茶单页数虽少却精:乌镇胎菊,桂花糕饼,都没有听水问茶一名勾动人心。欲探玄机,主人浅浅一笑,只说:随机抽取,隐姓埋名。神秘总是难当的诱惑,点上一份,又叫了名吃姑嫂饼,上楼择靠窗处坐了。终于茶被端上了,透明的壶揭晓答案,是玫瑰、藏红花、菊花、绿茶作底,掌心大的菊舒卷如鱼尾摇曳,一品却是藏红花的微甜略胜一筹,玫瑰此时美美路过留一点颜色罢。捡了个小巧的姑嫂饼,实在如棋子般大小,"姑嫂一条心,巧做小酥饼,白糖加椒盐,又糯又香甜"。因为保护自家秘方的想法惹女儿嫉妒闹的乌龙却成就美谈一桩,足见秘方仅得一时利,乐事应同万众心。咸甜口味的佐茶小点,是乌镇独具的味道。

"问茶"已毕,"听水"何来?环视一圈,见两面水一面桥,另临街,水街相对,可成茶港,屋枕河而眠,人倚窗而坐,水天清话,楼静人消夏,从长江滚滚汇入太湖悠悠,再绕乌镇缕缕,水声此刻轻轻,如女子转瞬悠悠眼波。游鱼躲在檐下斜斜的阴影里,游船欸乃,撞破了鱼群的闲话,也闯入我眼中的画。船桨无情只知听凭力气,水波却圈圈荡漾妄图吸引。凭窗听水,没有渡轮上海波涛天眩晕的刺激,不似游湖开阔赏景的平静,整个人只意外的松弛,我想是接了地气的缘故。神驰天水交际处,越剧咿呀泷水来。婉转跌宕,江南的灵秀化在曲调悠扬里,碍着行人脚步,让行人总不免流连。"听水"不光只听水,也听船,听戏,听尽小桥流水烟火气。

曰盛

叙昌酱园是偶然信步的相遇,一排排气魄逼人的酱缸子戴着略略滑稽的竹编斗笠,露天顶着的敦实的大肚子里隐隐透出酱香,落在正午若干张火伞的时辰里,恍惚带点烧炽的焦味。边上几个大而圆的竹筛子上,只写"面"这一字。叫上一碟酱豆腐、半只酱鸡,少不了招牌的酱鸭面。

　　风扇本分地工作着，我只盯着出会儿神的功夫，老板便自然地将酱豆腐盛入碗碟。酱豆腐有着与想象反差最大的姿态，白胖的豆干，浓赤的酱汁，青翠的葱，像是陌生人初次见面般生疏，吃起来倒是豆腐水嫩，酱香与葱香互彰。看似简单清明的，最是合适风味。酱鸡和酱鸭面也是大不一样，鸡精瘦，鸭肥美，一根碧色的青菜于其中，如同香樟之于乌镇，画面一下鲜活了。原汁浸烧三次出汤，再放酱油、黄酒、白糖等佐料浸烧；出锅再封麻油。几乎失水，故有"六月不馊，腊月不冻"之说。一分皮酱红油亮，二分肥油柔嫩鲜美，三分瘦肉余味无穷，不过瘾的再淋些额外添了霉干菜的辣油，搅开中间稠糊的黄豆酱，细面吸饱酱汁，抚慰夏日不高的口腹之欲。

日移

　　扯开小小的蓝印布袋子，撬开木塞子颇费了些劲儿，她洗来两个白瓷杯，蓝靛描着窗外游船寥寥，水阁二三。方倾倒，气息甚嚣。浩浩然觉熏，甚至燎烧眼睛。却，还思酒人唇。

　　《乌青镇志》云："以白米，白面，白水成之，故有是名。"其确实清冽非常，因着逼人气味，与杯相推诿良久才入了口，一瞬舌酥麻，喉一阵战栗，咽下又回甜，留下盈盈米香落幕。不觉间,又一路往胃烧去。为着烟云自来去,合该与君浮一白。可叹白酒总欺人易醉,瞧着她嫣红飞双颊,聊自笑。

何为特色,总应鲜见又增色,举杯邀乌镇对酌,烈酒与大暑相和,于流水人家相佐,可以伴游船,可以润青鱼,可以与她浇一点心绪,也大方赠她好梦日暮迟。

日落

三益客栈的晚饭总是满满一桌菜,张开的两张四方木桌,站着吃,更大的视角,菜肴尽收眼底,饱得极快。屏幕显示七点左右,她总是拽着我去散步。我一直知道的,天空是伟大的收藏家,落在莫奈眼里是《日出·印象》,落在凡·高眼里是《星月夜》,跌进人海,是多情的江南。

白墙黑瓦,绿水楼台,写成一天,大半本书页里都是清楚分明,到了傍晚一章,才化成一片紫褐。几许渔人飞短艇,从流金的一头破水而来,尽载烟火归。游人于是涌上街头,她总是追逐日光落去的尽头,我慢慢跟着,连躺在青石间的凌霄花都觉得浪漫。人总言凌霄登高攀附总跌重,我却对落在地上的它更为注意,哪怕踩碎的空当发生丑陋的氧化,其实无论身处何处,总有人愿意欣赏你的天地,生活从来不是高枝,不是平地,只是那时那刻的自己。转过白莲塔,眼前凸现一片开阔的境地,那是古镇与新城的边缘,横亘的京杭大运河支流，似分割也相连，一丛丛游弋的水葫芦，两对岸依依杨柳，尖顶的松，一切失落在紫褐色里，落霞吞噬飞鸟。流水只知道奔流，任凭搭瓦造墙，断井颓垣，高楼笋生。日月窗间过马，它什么也记不得，一片粉紫一片绯红荡漾进深沉水底，晕染到遮大云边，这些都与它无关。大抵永恒即是无感的孤独。几日下来简概即此，少云的晚霞是光织锦，多云的傍晚是霞散绮，最盛的落日是满江红。

又一日，突然风声作，从枕水的窗外望去，杨柳岸狂歌乱舞，略烧黄的叶纷纷卷入流水，闪电开始预告风雨，雷声隆隆落了一拍，豆大的水滴裹着窗棂。我们还是迎着乌云出门了，只为了每天与晚霞见面的约定。一路飞沙走石人也稀，蜻蜓和蝙蝠一只比一只飞得低。平日灯火辉煌的白莲塔尚未点灯，天已被乌云提前谢幕，蝉格外噪。仰望高塔森森，四角檐牙高啄，都坠了小钟，肃钟与风声拼杀，响彻耳畔，不忍直视塔顶，转而见塔前巨大的鼎内供奉的手臂长高香，星火明明灭灭，瞬时已息。更觉骇然，伪装成盆景的垃圾桶已经被风揭穿面目，江边的垂柳已不再安稳自持，我只能快步走近，妄想捉住晚霞尾巴，仰头，可能是爱屋及乌，不再执着于绚丽的霞光，只享受变化本身。柳暗花明又有一村，乌云蔽日小径更深。目之所及，唯余大朵大朵的云，将水面逼得极低，似重也轻，当眼界满是白云苍狗，我似乎才真的身处

"天地"。

日迟

记录完晚霞，我们探索了条条乌镇道，有穿廊几进楼阁，有大路连小路，大桥复小桥，晚霞的尾巴会从街道看不见的尽头透出来，但向前又因被墙身遮挡而不得见，往往如是。美好事物一向是无法挽留的，就像握紧的双手抓不住流沙，扼腕痛惜不如许它自由，苍天收取残照之际，又升起一处烈烈朝阳。信步慢走，了无贪求，于是好景需君记，不召款款来。

"天干物燥，小心火烛——"各大铺面在打更之后似乎更是热闹，万家灯火，人烟眯眼。鞋铺子外挂一只木刻布鞋，酒家招摇酒旗，理发店自是一把剪刀招牌，一切都形象而朴实，比现在城市里绚丽丰富的五颜六色的扎眼招牌广告更显生动活泼，这是乌镇独有的气度，只是店内商品几乎多机器造就，又因景区"特别"的身家地位，不觉眼馋心凉，呷一杯乌梅汤，心酸又甜蜜地逛回客栈，青石板高低不平脚步斜，直到回房间才发觉腿软。乌镇的日子，就在后知后觉间，被名为时光的飞鸟带走了。

西栅记景

楼夏语

　　从前只觉得,小桥只是流水的附属品,哪儿有水,哪儿就有桥,桥不过是方便人们通行的"交通建筑物"。如今,坐在桥旁,望着它,看着行人一个一个从它身上踏过,仅是简单地走过,偶有一两人,驻足观望,很快又会离去,但这寻常的景象,却让我猛然觉得,此刻,这桥才是"王",水、船或是行人,都成了桥的陪衬。没有桥,乌镇就不是一个完整的水乡了。

　　桥,一动不动地扎根在水里,从岸的这头,伸向那头,任凭流水从它脚下流过,任凭行人从它身上走过,任凭鸟儿在它宽大的臂弯里停歇,它都不曾有一句怨言。

　　桥,是两岸百姓非常便捷的"交通方式"。要我说,乌镇的大街小巷四通八达,桥的功劳最大。细想想,如果把乌镇大大小小几十座桥都抹去了,那该有多不方便呢?

　　乌镇建了不少极富特色的桥。比如桥里桥,指的便是通济桥和仁济桥。两座桥两两相望,通济桥自南向北,仁济桥自西向东,正好构成了一个直角。

　　两桥相比,通济桥显得更宽大,自是更热闹些,桥边、两岸树木林立。埠头上,总能见到些嬉戏的人群,或洗衣物的店家。游客们从通济桥上经过时，会有一种居高临下的即视感，向外远眺，白莲塔高耸云间，似一位宁静、安详的古镇老者，守着整个乌镇。走过通济桥，在绿意的掩映下，隐约可见文昌阁的影子。

下了桥向右，便是"酒吧一条街"，在这里，所有年轻人的自由、洒脱和奔放都淋漓尽致地释放了出来。这里不似西栅大街静谧，有的只是属于这个时代的热情。静坐通济桥下原生态的木椅上，微风轻拂，水波荡漾，看摆渡人摇桨，水面泛起层层涟漪。抬头仰望桥身，砖石之间的缝隙中，竟也长出了杂草，在风中摇曳，这是时光在通济桥上遗留之物，使得这座古朴的石桥变得生机盎然。

偶然瞧见对面一棵法国梧桐，和通济桥台阶边这株中国梧桐遥遥相对。梧桐在传统意象中象征高洁美好，《诗经·大雅·卷阿》就写有"凤凰鸣矣，于彼高岗。梧桐生矣，于彼朝阳"的诗句。中国民间也有"种得梧桐树，引得凤凰来"的俗语。此时，风忽然变大，对面的梧桐树叶被吹得翻卷了起来，依稀看见树枝上一条红线飘飘摇摇，在梧桐树巴掌大的叶间若隐若现，那或许是一条红丝线罢，也不知是哪位有情郎，在梧桐树上寄托了自己的心愿。想起以前看过的一个传说，说梧是雄树，桐是雌树，梧桐同长同老，同生同死，且梧桐枝干挺拔，根深叶茂，比喻有情人能"执子之手，与子偕老"，因此，梧桐树也成了忠贞爱情的象征。我在心中唏嘘,希望这对有情人能有缘相会。此时余晖斜阳,我坐在桥边的美人靠上,看岸边小桥流水人家,时光流逝,物是人非,可这桥依旧在,就像是一位慈祥的老者,看着桥上穿梭的红男绿女,叙述着古镇里发生的桩桩件件。

　　从酒吧一条街走上通济桥,放眼望去,人头攒动,这是乌镇最热闹、最繁华的一条街——西栅大街。若要说我对这西栅大街从前的了解,那无非就是近水楼台,浑厚质朴,无非便是那一句"烟雨入江南,山水如墨染",如今到了真正的烟雨江南,我又被此景所惊艳,各色的店铺呈现在大街两侧,虽说都是些"现代铺子",却因着乌镇独特的建筑风格显得更古朴些,亲切的店名总能让人在这找到一种归属感。看着桥廊里闲坐的人,看着水边嬉戏的人,我总会有一种家的感觉。只是不知为何,总觉得真实的西栅大街和书中照片上的不同,虽说都是这样古色古香的建筑群,我们也能在这里看到在大城市中看不到的旧街老屋,但是老房子里里外外,除了成群成群的游客,便是店里的工作人员,原先世代居住在这里的居民们,他们像是从这偌大的景区中消失了,这好像成了一个仅仅为游客们准备的乌镇,没有了以往的乌镇人的浓厚生活气息。

　　给我们撑船的船夫介绍,他们小时候,就是在大街小巷中随处奔跑嬉戏的。街上不仅有卖衣服卖药卖铁器的店家，还有很多老茶店。老茶客们最喜欢泡老茶店，物美、价廉，一杯茶，可以坐一晨一昏。大家聚在一起，聊聊天，交交心，东家长、李家短，可以诗意浪漫，也可以充满人间烟火。无数的老茶客，就这样在古镇一隅，慢煮着光阴，惬意安然。可惜，随着古镇的开发，已然破败的老茶店被一一移了出去，西栅的老茶客们，也随之烟消云散。如今，西栅大街上，虽然有诸多的"大茶饭"门店，却不是纯粹喝茶之所。大茶饭门店，往往是给游客们吃饭的店家。

　　盛夏天热，白天的西栅大街并没有很多游客，大多是跟着导游团的人们。到了傍晚，人才渐渐多起来。今晚下着微雨，坑坑洼洼的青石板路上积起了小水洼，姐弟俩，手拉着手，撑着把小伞，蹲在路边，看雨滴一点点落下，溅起水花，淘气的弟弟把水抹在姐姐脸上，笑着跑开了，姐姐撑着伞跟在后面追，路边挂着的灯笼中的灯光，打在他们稚嫩的脸上，姐弟俩脸上的笑颜，便是这水乡乌镇里最温馨、最可爱的一幕了吧？

　　尽管下着小雨，游人对江南烟雨的热情却丝毫不减，人们撑着伞，穿着雨衣，在大街上缓缓走着，享受着雨中的江南美景。总能在人群中找到一些身着旗袍、汉服的人，一手拿着一把油纸伞，一手提着长长的裙摆，或是提着一盏灯笼，徐徐走来，瞬间就有了一种江南美景配佳人的风韵。

　　比起夜晚的喧嚣、热闹，我还是更喜欢清晨宁静的小巷。清晨，随意寻一个小巷，静坐于阶上，任凭轻风拂过脸颊，听着树上断断续续的鸟鸣，总会有一种自由、快意涌上心头。小巷与大街不同，巷子里总是安静些，总是凉爽些，不似大街的纷繁。我喜欢躲在小巷的深处，最好完全脱离这个世界，小巷里有能治愈我的事物，自然中的一切，眼前的一切，弯弯曲曲的藤蔓，高高低低的石板啊，静静等着的美人靠啊。此时，街上的铺子都紧闭着门，偶尔见到几个人影，我甚至觉得，连水波都变得温柔了些，久违的舒适、惬意，令我陶醉于清晨的古镇。

　　西栅大街的另一头，早茶客已开始了忙碌，油条、馄饨、小笼包，应有尽有，热气腾腾的水上生活开始了，吆喝声和人们的交谈声交织在一起。看着船夫划着桨运货，看着水上集市里笑容满面的老奶奶，看着水乡乌镇的大街小巷，看着乌篷船悠悠，看着乌镇里的一条街、一座桥、一条巷、一个人、一块青砖，这些仿佛都成了乌镇里必不可缺的一部分，成了乌镇与我们的一段记忆。

　　流水乌镇，烟笼人家，梦里仍是江南。

流水·人家·东栅

王得一

夏水三尺,方解一处日炎炎;绿树阴浓,可得一片歇息地。

灵水生寒,小桥之上踏行人,寻步青石,灵水居内洞天现。池边生绿树,趁着叶隙间如利剑似的穿透而下的日光,即便是影子,仍灵动可爱。转角是书屋,放荡自有书墨气,共掩灵水辉旧人。立于此地的是茅盾纪念堂而非旧居,精致却少去一分韵味。出得门来,回首,蓝底题黑字,灵水居,神秀隽永,却不知谁人手笔。

外有王会悟纪念馆,其为革命者,不知其详。

打西栅出来向东三里路即是东栅,其比起西栅更加老旧些,不如西栅设施先进,人流亦少,自南门向北而上,河是少不了的,沿河是江南水阁,河中是摇橹乌船,比起西栅,这儿是小多了,一眼望得到灰瓦白墙的尽头。时近午分,日头正盛,掩于树荫,毕竟没有人想被这毒辣的太阳晒去层皮。骄阳之烈,连河水也无能为力。猛然间,有锣鼓之声于不远处传出,转头探身,眼前,一艘平船带着戏台一般装饰,正中是一黑发女子,只见得剑光点点,坠连成线,寒光片片,似雪花融去夏之炎热，身形晃动，不见其面目，转剑，抬手，一个拱手行礼而去，她正背对着我。待她下船后去了，方看到另一边是片空地，零星几人看着女子舞剑，另有几人坐在那儿，不时瞟一眼手机，认真观其剑光如星之人屈指可数，然女子之真切务实，令人动容。待寻得一处小桥过河后，才真正来到这个鼓声震天的红黄相间的船前。这下，却看这船是十八般兵器镇侧方，当中大鼓后悬金字大旗，上单题一"武"字，气魄大方豪迈。舱头虽无繁锦雕花，其简洁质朴，却亦是美观，此时方知，此乃一拳船，民间习武结社者筑之，护一地平安。虽初见，然意趣非盛，观夫少时而去。

途遇小馆，售乌镇之乌冻，遂买以解夏暑。其味沁凉，其色近乌，夺人心魄，爽人心腹。

太阳更上三尺，避之不及，焦躁难解，直奔茅盾故居而去，望寻得一处避暑。进门需口罩，然实是过于闷热，不一会儿是满头大汗，虽说防疫，但消受不住，遂摘去。进得屋中，迎面是立志书院，不同于西栅开放而规模宏大的昭明书院，立志书院显得小巧而更密实，二者如东西两栅分开的两颗明星映照着这人文乌镇。扑面是一阵陈木的气息，江南住地湿潮难解，木质多少有些受蚀。四开间，深二进，多少算得有财之家，没有过奢的画栋雕梁，窗应是修缮后加的玻璃。进门第一间是一尊铜像，惟妙惟肖，侧边是其生平，在此不再赘述。再深一进，屋内已被改作纪念堂，介绍其经历及作品，但我却想，人之一生何能寥寥几言一概而过？其之精华，怎能看看手稿即传达？其精神之延续传承，是渗透于一言一行、一字一句之中的，用心领悟尚且不得，参观藏书之阁又何以得？其生平经历实非要事。于此老屋之中，与肖像之间产生共鸣，传承文笔，我想方是茅盾作为文化部部长的遗愿吧！转过书院，是茅盾先前生活的场所，家塾等亦在其中，家具陈旧但仍带有木制品的温润，观架上摆放着不多的老书，似乎能看到曾经谁人在这里翻阅的场景，听到茅盾小时候的琅琅书声。故居的布局与江南民居的格局是极相似的，不过似乎因为茅盾的存在，它更负盛名了吧！浏览其一篇篇的手稿，偶然的一瞥，看见茅盾致其弟的家信，那时他仍用着雁冰原名，这一相较于茅盾而言知之甚少的字，对于他弟弟沈泽民，其喜爱之情是溢于言表的，字里行间即便没有过多关心与问候，却无处不流露其对这个亲弟弟的重视，当然沈泽民亦不输他哥哥，作为革命的带头人，虽英年早逝，却功绩卓然，兄弟两人至亲血脉相连，不免令人感动。再往前走去，迎面一块红木匾额使我停下了脚步，却见"茅盾故居"四个字，朴实地题于其上，落款则亦是同茅盾齐名的文学大家——叶圣陶。叶圣陶为此题词令人疑惑，但为人不知的是两人同为"文学研究会"的会员，二人志趣相投，性格相合，文学上的相互学习，无疑令二人有了亦师亦友的关系，此即为何叶圣陶题下此匾额，从二人佳话中，我们亦可知文学之繁荣，非一人之功，乃众人之力也。

前边却已是出口，转角一个凹壁，几株南天竹，一棵棕榈树，正郁郁葱葱地生长着，茅盾亲手种下的它们，似乎是茅盾生活于此的不多活着的证明。它们生长于此，看老屋的主人出生，长大，离开，归来。它们是茅盾生于此间的一根系，长期不在家乡的茅盾，由此与家乡的土壤深深相连。南天竹夏秋两季生出的红果，一如他一片心系家乡的赤子之心；棕榈树坚韧不断的外皮，亦如他一生对家乡不变的爱恋。几株树的生长，是他对家乡永远不变的念想吧。

出得门来，仍是骄阳万丈高，即便进屋久了，即便是心静自然凉，亦是熬不住这令人窒息的高温，但一个招牌无疑转移了我对此的注意。那个众人皆知的名字，那个揭露社会黑暗的名字，那个载着曾经的痛苦，带着未来的希望之名——林家铺子。那偶然中必然来到的倒闭，那资本力量的悲剧，虽说这面前的店铺，定是先有小说再开出来的，但它那附带着的，来自旧中国深刻的绝望、黑暗社会的价值，引人遐思，引人深省。

有酒坊，有当铺，有染房，有戏台。修真观旁翰林第，民俗馆边百床房。

晴耕雨读的时候早已过去，但或许不该忘记吧！珍惜当下的富足,毕竟,在田间与书院的奔波,边读书边种地的劳作,是我们所不希望的吧!或许这晴耕雨读馆的存在便是为此吧,茅盾是否有这样的经历呢?边上是水龙会,即消防站,木栅栏关得紧紧的,里面木质的、铁质的水龙是过去的记忆了,就让它封存于此吧。

　　进到一处咖啡厅,点上一杯,看窗外水流缓缓,船行漫漫,时钟转个不停。咖啡入口,苦涩而少回甘,或许这方是其本味,醇厚自然,似这小镇里的生活,是苦多乐少吗?或许吧,但那一点苦涩之后的甘甜,方是最暖人心的,胜似糖浆。但比起咖啡,似乎茶才更适合这个充满韵味的地方。咖啡豆只要磨上一次便逝去了,茶叶却是愈泡愈香的,咖啡的苦涩直击人心,使人清醒,茶的微涩婉转绕肠,使人神醉。咖啡放不太久,但茶叶是越陈越香,正如乌镇水乡的无尽韵味,越品味,那就越有意思。

　　另外,还是关于东栅的事,茅盾的存在,让这个地方被众人所知,茅盾故居固然是不错的,可这并非是最让我震撼的地方。我敬佩茅盾,但面对铜像与那平铺直叙的说明文字,我实在打不起过多的兴致来。在一日腿酸之后,给我留下最深刻印象的地方,却是那不大不小的古戏台。它就那样安静地坐落在修真观的对面,远离乌镇的中心,歇山式屋顶,檐边飞翘,檐下悬三级灯笼,檐底柱头上雕花隽秀,刷金漆,映红底,震撼人心,上挂"修真观戏台",屋顶几经修缮,现用石顶巩固,上浮空雕刻人物,日照雨淋,仍光洁如新。此时阳光正盛,不见其详状,但见其背后插旗,手持花枪,惟妙惟肖,令人叹服。台板多年踩践,红漆颇有剥落之势,却同红柱一起,不失曾经气势。风声破空之时,如有虎啸龙吟之势,隐隐有人在台上踱步耍枪,沉吟放唱。可惜此时并无演出,不能睹桐乡花鼓,未能观戏台之雄风,终为一憾事。比之要门票的酒坊、染房,这清代古戏台所具的文化、精神是远超于其他的,人却少了不止一些,可叹,有多少人看到这些珍藏在角落之中的文化? 可惜,建成至今便被破坏多次的戏台,不过经历几百年光阴,那么它又还能保有多少年? 茅盾故居的保护是无须担心了吧,而这正在消逝的,正在角落里被隐藏的,可否像茅盾故居一样得到保护? 不只是戏台,是中华文化,是中国精神。

　　时间容我记下这些文字,时空容我记录下这些照片。书写是在记录,而书写本身也是记忆吧,会否真的有那一天,江南的水乡,真正成了人们的回忆?

　　不去想这些令人悲伤的事情吧! 毕竟,直到现在,小河穿街而过的乌镇不也正展现在我们的面前吗? 我们能看到水流,能看到游船,看到远方升起的炊烟中有烟雨江南,东栅的西边有西栅,西栅的东边是东栅,一条河,一个镇,一段记忆,一阵晚风。

千年乌镇两三行

金弋洋

白墙黑瓦,高耸矗立,闲看乌镇三两家。

乌镇傍水而建,潺潺碧水深嵌其间,延伸至家家户户。以河成街,桥街相连,镇上的石板小路,深宅大院,临河水阁,氤氲弥散的古色古香的气息间,无不透着乌镇独有的灵秀与古朴,带给人们近乎绝尘的祥和与宁静。

碧水之上,热风撩起层层涟漪拂过脸颊,江南水乡,独有的"小桥、流水、人家"之景,身在其间,如临仙境。

乌镇处处是景,浓厚的文化、底蕴悠久的历史足迹,指引着我们前行的方向。

斑驳的绿影,晕染影影绰绰,灵水居猝然闯入眼帘。

蜿蜒的围墙雕刻有双龙戏珠、梅竹仙鹤等中国传统风格的图案,石山,秀水,绿树,透过雕刻的间隙,方可窥见园中一番天地,尽得婉约之妙。质朴的亭台庙宇,逶迤的青石小径,消失在视野的尽头。"廊腰缦回,檐牙高啄",灵水居虽不及杜牧盛赞的阿房宫那般气势恢宏、人尽皆知,倒也不失刘禹锡所云"山不在高,有仙则名"的韵美,没有熙熙攘攘的人流,自有一番恒长的宁静与美。花开花落,叶落归根,风花雪月,春去秋来,生命的一次次凋零与重生,在此一息之间,便可有所感想,享一场生命的盛宴。

在这富有灵气的地方,美的绝不仅仅是景,丰厚的文化气息谱出了另一幅美如画的别样景致,灵水居的东侧,长眠着中国文坛上的一条蛟龙——茅盾。若非这位巨匠,千年乌镇恐怕也不过是一座籍籍无名、无人问津的小镇吧。十二岁便写下"大丈夫当以天下为己任"的他,一曲《子夜》,让中国近代黎明前的黑暗一览无余;《蚀》三部曲,中国革命进程的艰难险阻、命运多舛,被展现得淋漓尽致;一部《春蚕》深刻剖析了革命之际中国社会的矛盾。茅盾不仅在中国的文学史上为后人所叹为观止,他在中国的红色奋进路上更是一抹耀眼的光辉。时过境迁,我们很难在尘封的记忆中重温那个战火纷飞的年代,但茅盾投笔从戎留下的字字箴言却依旧历历在目,在时光洪流的大浪淘沙之后熠熠生辉。香港、新疆、延安,十余载岁月,他的革命足迹遍布了中国的大江南北,抗日战争爆发后茅盾辗转外地投身抗战文化运动,从此中断了他与故乡乌镇连接的纽带,因种种原因没有再回乌镇,或许正因如此,茅盾笔下的乡愁在其作品中也显得余味悠长了。

"漫长的岁月和迢迢千里的远隔,从未遮断我的相思",驻足这位百年英雄的故居,斑驳沧桑的砖墙,是其精彩异常的一生的见证,侧耳的鸣蝉似是这位英雄铿锵豪迈的呼号。

　　茅盾在文学上有如此成就,离不开他幼年所受的教育,陪伴他寒窗求学的立志书院,恰也由来已久。

　　坐在河的对面,看飞檐挑角的文昌阁和环形拱门上凛然的"立志书院"四字,河中文昌阁微波荡漾的倒影若隐若现,听船只往来时摇动的桨声,涟漪层层荡开,似乎让人看到了那些已经过往的岁月,那些读书人云集的旧日时光。不知在此地又出了多少位"朝为田舍郎,暮登天子堂"的才子呢?童年的沈雁冰跨入书院伊始,书院已过了最为繁盛的阶段,书院之名也设成了小学名,今日驻足于此、在感怀历史时赞叹不已的人,也少不了一丝遗憾吧。除了河中的流水声,一代代读书人的琅琅书声早已在历史滚滚的车轮中渐渐远去。幸好,从唐至今的千年时光里,随着科举制度的衰落和新式学校的兴起,在书院无可避免消失的趋势下,立志书院得以完整保留,也让他人留有一丝宽慰。从秦汉之际的举孝廉、魏晋时期的九品中正,到现在的千军万马过独木桥的高考,立志书院像是中华千年教育进步发展的一个缩影,透过书院的木窗子仰观宇宙之大,千年文化教育历程尽收眼底。

　　穿梭在老街纵横交错的小路上,转角是江南百床馆。

　　里面陈列着琳琅满目、各式各样的江南古床,上至富商大贾的豪华床具,下至千家黔首的普通木床,所涉范围之广,足以窥见中国床文化的博大精深和我国劳动人民超高艺术修养的想象力,成熟的木床工艺,简洁明快的线条,原木色漆着色,硬木的色泽和纹理特点格外惹人注意。然而,百床馆所带给我们的不只巧夺天工的技艺,更在于每张床所赋予的丰厚历史与生活内涵、寻求平安幸福的美好希冀。

当人们最为底层的生理需求被附加了艺术与审美的功能,床本身便不再仅仅是简简单单的艺术品,其蕴含的艺术价值更是一种国泰民安、人们尽情享受生活的美好心境与处世态度。

当时社会经济状况之繁盛也可见一斑了。

汇源当铺,坐落于应家桥和南花桥之间,鼎盛时期,铺面多达十三家,以用于物品的交换,抵押贷款,这也是现今银行的前身。在当时,汇源当铺的兴盛繁荣无疑极大地推动了明清经济的发展,间接推动戏曲小说的兴盛以至达到了顶峰,当铺四周围有高墙,高出屋顶的更楼,银杏木制成的防火大门,已初具现代银行的雏形,让人不禁赞叹古人的智慧。

无论是丰厚的文化底蕴,抑或是社会生活、社会经济,乌镇的方方面面无不展现出令人惊叹的一面。岁月催人老,乌镇却经得起年复一年的风霜雨雪,古老的白墙黑瓦在春去秋来的风吹雨淋下倒了又起,那逝去的日子,纵然使得乌镇原有的风貌格局有所变化,但所幸,其丰厚的乌镇文化遗产得以保存与展现,并在时代的号角声中,一次又一次被赋予更鲜活的内容、更多样的形式。

行走乌镇，不负此夏。